职业院校新形态通识教育系列教材

礼仪规范教程

Etiquette Tutorials

微课版

钟晓芬 熊秋云 / 主编　　宋文举 / 副主编

人民邮电出版社

北　京

图书在版编目（CIP）数据

礼仪规范教程：微课版 / 钟晓芬，熊秋云主编. --
北京：人民邮电出版社，2023.11
职业院校新形态通识教育系列教材
ISBN 978-7-115-62800-8

Ⅰ. ①礼… Ⅱ. ①钟… ②熊… Ⅲ. ①礼仪—职业教
育—教材 Ⅳ. ①K891.26

中国国家版本馆CIP数据核字(2023)第187637号

内 容 提 要

　　礼仪是社会规范和道德规范的组成部分，是人际交往中不可缺少的润滑剂和联系纽带。本书综合
了现代礼仪涉及的各个方面，内容分为概述、个人礼仪、社会生活礼仪、社交礼仪和职场礼仪。每篇
由开篇寄语和育人目标引入，每课由应知导航、知识探究、知识链接、知识点拨和学以致用组成。本
书内容精练，突出实用性与操作性，并力求与国际接轨。

　　本书可以作为职业院校公共课教材，也可以作为想要了解礼仪文化的读者的参考书。

◆ 主　　编　钟晓芬　熊秋云
　　副 主 编　宋文举
　　责任编辑　楼雪樵
　　责任印制　王　郁　彭志环

◆ 人民邮电出版社出版发行　　北京市丰台区成寿寺路 11 号
　　邮编　100164　电子邮件　315@ptpress.com.cn
　　网址　https://www.ptpress.com.cn
　　北京市艺辉印刷有限公司印刷

◆ 开本：787×1092　1/16
　　印张：8　　　　　　　　　　2023 年 11 月第 1 版
　　字数：189 千字　　　　　　　2023 年 11 月北京第 1 次印刷

定价：42.00 元

读者服务热线：(010)81055256　印装质量热线：(010)81055316
反盗版热线：(010)81055315
广告经营许可证：京东市监广登字 20170147 号

党的二十大报告指出："以社会主义核心价值观为引领，发展社会主义先进文化，弘扬革命文化，传承中华优秀传统文化，满足人民日益增长的精神文化需求，巩固全党全国各族人民团结奋斗的共同思想基础，不断提升国家文化软实力和中华文化影响力。"中国素有"文明古国""礼仪之邦"的美称。早在春秋战国时期，孔子就有"不学礼，无以立"的说法。其后荀子又有"人无礼则不生，事无礼则不成，国家无礼则不宁"的明训。以礼相待、礼尚往来是中华民族的传统美德。崇尚礼仪、学习礼仪、实践礼仪是每一个人立足社会、成就事业、获得美好人生的基础。

所谓礼仪，在广义上是指一个时代的规章制度，在狭义上是指调整人们社会交往行为的准则与规范的总和。礼仪是社会人际关系中沟通思想、交流感悟、表达心意、促进了解的一种形式，是人际交往中不可缺少的润滑剂和联系纽带。要想融入现代社会，正确面对和处理错综复杂的社会关系和人际关系，必须学习和掌握必要的礼仪知识。礼仪是人类文化的重要组成部分，它反映了人类社会文明的进步。小到一个人，大到一个国家，其素质与形象往往能通过礼仪体现出来。在校学生除了学习文化课、专业课外，还应较为系统地学习礼仪知识，使自己具有良好的气质、风度和礼仪行为。应时代需要，结合学校学生学习礼仪规范的现状和需求，我们在充分汲取各方专家意见、众多学校在探索培养高素质人才方面取得的成功经验和教学成果的基础上，策划了本书。

本书具体栏目设计与功能如下。

★ 开篇寄语：概述本篇主要内容，激发学生的学习兴趣。

★ 育人目标：引导学生明确学习方向，提升学生的人文素养。

★ 应知导航：概括本课需要掌握的知识。

★ 小贴士：列举与正文相关的拓展知识。

★ 知识探究：具体阐述学习要点。

★ 知识链接：补充和深化知识点。

★ 知识点拨：对本课知识加以补充并分析相关案例。

★ 学以致用：提供与本课内容相关的思考与练习，引导学生通过实践熟练运用所学的知识。

★ 素养提升：弘扬优秀品质，提升学生的历史自信和文化自信。

本书在编写过程中，参考了有关专家、学者在礼仪、规范方面的研究成果，并引用了相关资料，在此向这些作者致以深深的谢意！

由于编者水平有限，书中难免有不足之处，恳请广大读者批评指正。

编　者

2023 年 6 月

目 录
CONTENTS

第一篇

概述——
以礼相待

开篇寄语 ▼

　　我国是文明古国，礼仪文化源远流长，素有"礼仪之邦"的美称。早在两千多年前，人们就对礼仪的作用做过许多重要的论述。孔子认为礼是治国安邦的基础，"不学礼，无以立"（《论语·季氏》），"能以礼让为国乎，何有？不能以礼让为国，如礼何？"（《论语·里仁》）。荀子认为，"礼义者，治之始也"（《荀子·王制》），"礼义生而制法度"（《荀子·性恶》）。管子则把礼仪视为立国的精神之本，曾经将"礼义廉耻"视为国之四维，并指出"四维不张，国乃灭亡"（《管子·牧民》）。这些精辟的论述把礼仪的重要作用揭示得淋漓尽致。

育人目标 ▼

　　通过礼仪课程的学习，学生能认同并自觉弘扬中国礼仪文化，培养礼仪素养，形成良好的道德习惯，以礼引德、以礼显德、以礼行德。

第一课　礼仪概述

至理名言

　　凡人之所以为人者，礼义也。

——《礼记·冠义》

【应知导航】

（1）礼貌、礼节和礼仪的异同。

（2）各个时代、各个地域的礼仪各不相同的原因。

（3）掌握礼仪、礼节的重要意义。

【知识探究】

礼仪作为人类交际的表现形式之一，同其他文明表现形式诸如文字、绘画等一样，是人类逐渐走向文明、开化的标志。因此，了解礼仪的含义和特征有助于我们对人类文明的发展有更清晰的认识。

一、礼仪的含义

礼仪属于道德范畴，是礼节和仪式的总称。"礼"是表示敬意的通称，指人们在与他人的交往过程中外在表现的行为规则和形式的总和。这种行为规则和形式是在长期的社会生活中，在风俗习惯的基础上，形成的人们所共同遵守的品行、程序，运用的方式以及体现的风度等。换句话说，礼仪是指一个国家、一个民族、一个行业、一个部门、一个团体、一个家庭乃至一个人，在其内部和在其与外界进行各种交往活动时，必须遵循的道德行为规范和准则。礼仪的本质就是通过一些规范化的行为表示人与人间的相互尊重、友善和体谅。

在日常生活中，人们常常使用"礼貌""礼节""礼仪"三个词。例如：家长经常教育子女要有礼貌，要注意礼节，要懂礼仪。显然，这是三个同义词。但仔细琢磨一下，礼貌、礼节、礼仪是既紧密相关又不尽相同的三个概念。

简单来说，礼貌是人们言语动作谦虚恭敬的表现；礼节是人们表示尊敬、祝颂、哀悼等态度时的惯用形式；礼仪则是体现礼节的仪式。虽然三者都与"礼"分不开，但是，礼貌多指个人的言语行为，而礼节、礼仪更多的是社会习俗的反映。人们可以说"懂礼貌""懂礼节""懂礼仪"，也可以说"知道礼貌""知道礼节""知道礼仪"，还可以说"注意礼貌""注意礼节""注意礼仪"。但是，人们经常说"有礼貌"或"没有礼貌"，而很少说"有礼节"或"没有礼节"，"有礼仪"或"没有礼仪"。由此可见，礼貌、礼节、礼仪既有共性，也有差异。

■ 知识链接 ■

战国时期的思想家、政治家和教育家孟子，是继孔子之后儒家学派的又一主要代表人物，被后世尊奉为"亚圣"。

孟子一生的成就与从小母亲对他的教育密不可分。孟母是一位集慈爱、严格、智慧于一身的伟大的母亲，为后人留下了"孟母三迁""孟母断织"等富有深刻教育意义的故事。孟子成年娶妻后，孟母仍不断利用处理家庭生活琐事的机会去启发、教育他，帮助他从各个方面完善人格。

有一次，孟子的妻子在房间里休息，因为是独自一人，便无所顾忌地将两腿叉开坐着。这时，孟子推门进来，一看见妻子这样坐着，非常生气。原来，古人称这种双腿向前叉开坐的姿势为箕踞，箕踞向人是非常不礼貌的。孟子一声不吭地走出去，看到孟母，便说自己要休妻。孟母问他："这是为什么？"孟子说："她既不懂礼貌，又没有仪态。"孟母又问："你因为什么而认为她没礼貌呢？""她双腿叉开坐着，箕踞向人，"孟子回道，"所以要休她。""那你又是如何知道的呢？"孟母问。孟子便把刚才的一幕说给孟母听，孟母听完后说："那么没礼貌的人应该是你，而不是你的妻子。难道你忘了礼的规矩？进屋前，要先问一下里面是谁；进房后，为避免看见别人的隐私，眼睛应向下看；上厅堂时，要高声说话。你想想，卧室是休息的地方，你不出声、不低头就闯了进去，已经先失了礼，怎么还责备别人没礼貌呢？没礼貌的人是你自己呀！"

孟母的一席话说得孟子心服口服，他便再也没提休妻的话了。

二、礼仪的特征

礼仪属于道德范畴，具有道德的一般特点，但作为道德的一个特殊方面，又具有其自身的特点。

1. 共同性

礼仪是全人类共同需要的，它早已跨越国家和民族的界限，不分国别、性别、年龄、阶层。只要人类存在交往活动，就需要通过礼仪来表达彼此的情感和尊重。尽管不同的国家、不同的民族对于礼仪内容的理解不同，重视的程度不同，但对礼仪的需求却是相同的。

2. 时代性

礼仪既然是一种约束人们行为的规范，就不可避免地带有浓重的时代色彩。一个时代的社会风貌、政治背景、文化习俗等都会对礼仪的形成与流行产生影响。随着社会的进步、时代的发展，礼仪也会随之变化，并在实践中不断得到完善，被赋予新的内容。

3. 差异性

礼仪实际上是人类历史发展过程中逐步形成并沉淀下来的一种文化。受信仰、习俗、地理环境和交通条件等因素的影响，不同国家、不同地区和不同民族有着不同的发展历史，各个国家、地区和民族又都有自己的一些区别于其他国家、地区和民族的表达特定含义的礼仪。因此，礼仪因地域、民族的不同而表现出形式上的差异性。

■ 知识链接 ■

有一位到泰国旅游的外国人，见到当地一个可爱的小孩，便情不自禁地伸出手来，在孩子的头上轻抚了两下，结果小孩子一脸怒气，周围的人也大惊失色。原来，泰国人认为头是神圣不可侵犯的，触摸别人的头部是不礼貌的。

4. 公德约束性

公德即社会公共道德，它是在一定社会范围内长期以来逐渐形成的一种被大多数社会成员认可并遵守的思想和行为规范，是在一定文化历史背景下形成的、具有固定特点的、调整人际关系的社会因素，是人们评价善、恶、美、丑的习惯性标准，具有约定俗成的本质属性。礼仪与公共道德不相违背的特征被称为礼仪的公德约束性。公共道德虽然不具有法律一般的强制力，但社会、家族、邻里、亲朋好友的舆论监督，往往迫使人们遵守它，使它在人们生活中产生一种无形的力量。尽管不同时代、不同国家和地区、不同民族的公德内容不尽相同，但是守纪律、讲卫生、待人有礼、尊老爱幼等却是整个人类社会需要共同遵守的规矩，是成为一个文明人起码的准则。

5. 延续性

历史不断前进，社会不断发展，礼仪作为人类生产生活的一个重要组成部分，不可能是一成不变的。礼仪习惯和礼仪制度的变化不是剧烈的、飞跃式的，而是在大量延续、继承的前提下的缓慢更迭。礼仪是缓慢衍化而成的，要经过较长的衍变过程，从而在人们的心灵深处引起强烈的认同感。一种礼仪一旦形成便会具有一定的延续性。

6. 通俗性

礼仪是由风俗习惯衍化而成的，大多没有明文规定，但却被社会生活中的每一个成员遵循。礼仪简单明了，不需要高深的理论，人人都可以通过耳濡目染来学习并践行。当然，随着国际交往、人际交往的发展，礼仪也在不断地被总结、完善，并趋于系统化和规范化。

三、礼仪的分类

1. 礼仪的划分

（1）按行业划分。礼仪按不同的行业划分，可以分为学校礼仪、公关礼仪、公务礼仪、商业礼仪、服务礼仪、体育礼仪、军队礼仪和外交礼仪等。

（2）按交往的过程划分。礼仪按交往的过程划分，可以分为欢迎礼仪、交谈礼仪、宴请礼仪和送客礼仪等。

（3）按礼仪行为的主体划分。礼仪按其行为的主体划分，可以分为个体礼仪、家庭礼仪和团体礼仪等。

2. 中国古代的礼仪分类

春秋以后，社会发生重大变动，古礼逐渐被废弃，儒家开始对各类礼节加以整理。据《周礼·春官·大宗伯》记载，当时的社会将礼编为五大类：吉礼、凶礼、宾礼、军礼和嘉礼，统称"五礼"。

（1）吉礼。"以吉礼事邦国之鬼神祇"，即祭祀之礼，祈神赐福，求吉祥如意。"吉礼"的内容有祀昊天上帝、日月星辰、风云雷雨，祭社稷、山川林泽、四方百物，四季祭祀宗庙等。其目的是表达人们对天地自然、山川万物、先王祖先的虔诚敬意。

（2）凶礼。"以凶礼哀邦国之忧"，即对他人遭遇不幸的慰问、吊唁、抚恤之礼。"凶礼"的内容有以丧礼哀死亡，以荒礼哀凶札（五谷歉收，疾疫流行），以吊礼哀祸灾，以恤礼哀寇乱等。"凶礼"体现了济困扶危、雪中送炭的人道精神，既是礼仪的要求，又有政治的意义。

（3）宾礼。"以宾礼亲邦国"，即接待宾客之礼。"宾礼"是规范天子与诸侯以及诸侯之间交往的礼节，其拜见形式有"朝、宗、觐、遇、会、同、问、视"等，这些礼仪实际上就是当时的外交礼仪。

（4）军礼。"以军礼同邦国"，即军队的操演、检阅和征伐之礼。"军礼"以威慑各邦国（这里的邦国是指周朝时期的诸侯国），并使之服从规矩。

（5）嘉礼。"以嘉礼亲万民"，即与百姓日常生活、人际交往息息相关之礼。"嘉礼"的主要内容包括招待亲朋宾客的宴席饮食之礼、生冠婚寿等人生之礼、邦国交际的贺庆之礼等。这些礼仪对于沟通上下、尊老敬贤、联络邦国、和平共处具有不可估量的积极作用，对于现代人的公关、社交也有借鉴意义。

3. 常见的现代礼仪

（1）人生礼仪。人生礼仪是指贯串人的一生，尤其是在人生几个重要阶段的礼仪，主要有出生礼、成人礼、婚礼、丧礼，以及每年一次的庆贺生日（寿）礼等。

（2）个人礼仪。人是礼仪行为的主体，个人礼仪包括个人仪容、仪态、仪表的恰当体现，言谈举止的得体表达以及一般礼节的正确运用等。个人礼仪是个人文化素质、品德教养、待人处世态度的综合反映。

（3）家庭礼仪。家庭是人类社会生活的基本单位，家庭关系是人类社会中最普遍的关系，也是维系时间较长久的关系之一。家庭礼仪即家庭内部和家庭之间的有关礼仪，包括家庭成员、亲戚之间的称谓礼仪，相互问候、庆贺、拜访、待客和家庭应酬等方面的礼仪。这类礼仪较典型地反映了民族传统和地方习俗，以及家庭教养、家风和家规。

（4）社交礼仪。社交礼仪是指社会成员之间交往时的规范与准则，包括致意、问候、介绍、交谈、拜访、接待、宴会、舞会、聚会和馈赠等社会活动的礼仪。正确运用社交礼仪，有利于人们进行社会交往，有助于事业成功、身心健康，有益于净化社会风气。

（5）公共礼仪。公共礼仪是指人们在社会活动，尤其在公共场所中活动时所遵循的语言和行为规范，包括与活动内容及场所相适应的仪容仪表、言谈举止，以及在饮食、居住、旅行、观光、娱乐、通信等活动中，和在商店、宾馆、剧院、学校、军营、体育馆等公共场所的礼仪。一个人在公共礼仪方面的表现很大程度能反映其人格与教养。

（6）公务礼仪。公务礼仪是指人们在公务活动过程中应遵循的礼仪规范，它存在一定的特殊性。在礼仪的一般原则指导下遵循公务活动过程中特殊的礼仪规范，可以提高公务活动的效率和成功率。公务礼仪通常包括办公室礼仪、会议礼仪、公文礼仪、公务迎送礼仪等。

（7）职业礼仪。职业礼仪是指从事一定职业的人在职业活动中所应遵循的行为规范与准则，以及某种为树立自身良好形象而推行的、具有本行业特点的规范动作及仪式。职业礼仪是职业道德的具体表现。职业礼仪项目非常多，如商业礼仪、教师礼仪、医生礼仪、公务员礼仪、军队礼仪等。职业礼仪在维持社会秩序、净化社会风气、促进社会进步等方面具有不可替代的作用。

（8）商务礼仪。商务礼仪与一般的人际交往礼仪不同，它体现在商务活动的各个环节之中。对于企业来说，从商品采购到销售，再到售后服务，每一个环节都与该企业的形象息息相关，因此，企业及其每一个成员，如果能够按照商务礼仪的要求去开展工作，对塑造良好的企业形象、促进商品销售将起到重要作用。商务礼仪主要包括柜台接待礼仪、商业洽谈礼仪、推销礼仪和商业仪式礼仪等。

（9）政府礼仪。政府礼仪是指国家政府为维护自身尊严、协调各方面关系而推行的礼仪，主要体现在以下场合：升国旗仪式、节日及重大事件庆典、纪念大会、重要领导人的追悼大会，以及对灾荒事故等的救济、慰问和抚恤等。政府礼仪的推行还关系到国家的权威、声誉，而且体现了政府的施政水平，关系到民心的向背，影响极大。

（10）外事礼仪。外事礼仪是指涉外交往中的有关礼仪。涉外交往主要有外交部礼宾司安排的外交活动，不仅包括领导人互访、外交使节的互派、接待外宾的一切活动，还包括外交庆贺、馈赠、援助、慰问、凭吊，以及团体、企业的对外交往，如商业谈判、学术交流等活动。外事礼仪体现国家声誉、民族文明，关系国格与人格，切不可掉以轻心。

（11）习俗礼仪。习俗礼仪亦称民族礼仪，是指与各民族传统风俗习惯有关的礼仪，包括节日庆贺、婚丧嫁娶、祭祖扫墓、敬神娱乐、迎来送往等方面的礼仪以及各种生活禁忌等。习俗礼仪是一个民族、一个地域历史传统的重要内容，它深深扎根于民族文化的土壤中，具有民族性、区域性和群众性。习俗礼仪中既有积极健康、有利于团结协作的内容，也有消极愚昧的内容，应扬善避恶，积极引导。

（12）宗教礼仪。宗教礼仪是指各种宗教特有的规范准则，如佛教、道教、伊斯兰教和基督教等有其特有的文化与礼仪。这是宗教文化的特有现象，应予以尊重，不能混同于封建迷信，但也需要积极引导。

四、礼仪的功能

礼仪是人类社会文明发展的产物，是人们社会交际活动的共同准则。加强礼仪教育，对于提高自身的修养和素质、促进社会主义精神文明建设、塑造良好形象、扩大社会交往、促进事业成功都具有十分重要的作用。具体来说礼仪的功能表现在以下几个方面。

1. 弘扬文化传统

文明古老的中华民族，以其聪颖的才智和勤奋的品质，创造了人类历史上灿烂的文化。几千年来，各族人民创造了一整套独具特色的礼节、仪式、风尚、习俗、节令、规章和典制等，并为广大人民所喜爱和沿袭，这些礼仪习俗反映了中华民族的传统美德与优良品质，勾画出了中华民族的历史风貌。

知识链接

以"仁"为本，以"礼"行之

"人而不仁，如礼何？人而不仁，如乐何？"（《论语·八佾》）"苟志于仁矣，无恶也。"（《论语·里仁》）"克己复礼为仁。一日克己复礼，天下归仁焉。为仁由己，而由人乎哉？"（《论语·颜渊》）一个人若是不仁德，又怎么实行礼乐制度呢？"乐"是表达思想感情的一种形式，在古代也是表达"礼"的一部分。"礼乐"在外，"仁"在内。如果没有爱人之心，礼乐规范就徒有虚表、失去意义。那么如何至"仁"？孔子又提出"克己复礼"，自觉地克制自我私欲，符合礼制的需求，就是"仁"。每日反省，靠的是自己的坚持，并不是别人可以帮你达到的。"克己复礼"成为孔子思想的核心之一，孔子强调的实际上就是一种修行，"仁"既是"礼"的本心，更是"礼"的超越。"非礼勿视、非礼勿听、非礼勿言、非礼勿动"（《论语·颜渊》）很具体地提出如何提高个人修行。不合礼法的事不要看、听、说、动，素养决定了礼仪的高度，以"仁"为本，以"礼"行之，才能控制自己的情绪、顾全大局、理智客观地处理问题。

2. 提高自身修养

在人际交往中，礼仪往往是衡量一个人文明程度的准绳，它不仅反映了一个人的交际技巧与应变能力，还反映了一个人的气质风度、阅历见识、道德情操和精神风貌。因此，从这个意义上看，完全可以说礼仪即教养，有道德才能高尚，有教养才能文明。也就是说，通过视察一个人对礼仪运用的程度，我们可以察知其教养的高低、文明的程度和道德的水准。

3. 完善个人形象

个人形象是一个人仪容、表情、举止、服饰、谈吐和教养的集合，而礼仪在上述诸方面都有自己详尽的规范。因此，学习礼仪，运用礼仪，无疑将有益于人们更好地树立个人形象，维护个人形象，更好、更充分地展示个人的良好教养与优雅风度。

4. 改善人际关系

社会是人们交互作用的产物。没有社交活动，人类的生活是不可想象的。人们参加社交活动，多为调节紧张的生活、建立友谊、交流情感、融洽关系、广结良友、获取信息、增长见识。现代社会对人们的社交提出了新的要求，社会越发展，物质生活越丰富，社交就会越发显示出它的价值，而处在社交活动中的每个人的仪表、仪态及对礼仪知识的了解也变得极其重要。运用礼仪，除了可以使个人在交际活动中充满自信、胸有成竹、处变不惊，还能够帮助人们规范彼此的交际活动，更好地向交往对象表达自己的尊重、敬佩、友好与善意，以增进彼此的了解和信任。

5. 塑造组织形象

对于组织来说，组织文化和风貌是通过组织中员工的仪容仪表、言谈举止、礼貌礼节以及仪式与活动过程表现出来的，是组织形象的重要组成部分。组织在各种礼仪的规范下可以激发员工的自豪感，并增强组织的凝聚力与向心力。

6. 建设精神文明

世界各国家、地区和各民族都十分重视交往时的礼仪，并将其视为一个国家、地区和民族文明程度的重要标志。正如古人所说："礼义廉耻，国之四维。"礼仪是立国的精神要素之本。在社会主义精神文明建设中，讲究礼仪、礼节，注重礼貌是最基本的要求。

随着我国改革开放的深入和社会主义市场经济体制的确立，我国经济发展与国际接轨，这些都对我国精神文明建设提出了更高的要求。只有提高中华民族整体的文明素质，才能营造和谐的社会环境和人际关系，吸引更多的外资，促进国际间的贸易往来，从而推动我国经济建设工作。

知识点拨

案 例

一位先生要雇一个没带任何介绍信的小伙子到他的办公室工作，先生的朋友觉得很奇怪。先生说："其实，他带来了不止一封介绍信。你看，他在进门前先蹭掉脚上的泥土，进门后又先脱帽，随手关上了门，这说明他很懂礼貌，做事很仔细；当看到残疾老人时，他立即起身让座，这表明他心地善良，知道体贴别人；那本书是我故意放在地上的，所有的应试者都不屑一顾，只有他俯身捡起，放在桌上；当我和他交谈时，我发现他衣着整洁，头发梳得整整齐齐，指甲修得干干净净，谈吐温文尔雅，思维十分敏捷。难道你不认为这些细节是极好的介绍信吗？"

案例分析：

在人际交往中，礼仪是衡量一个人文明程度的准绳，它是一个人内在修养的外在表现。

学习礼仪、运用礼仪，有助于提高个人修养，提高个人的文明程度，也能促进交往双方的关系。

■ **学以致用** ■

（1）搜集两则有关中国古代文明礼仪的佳话，并向周围的人宣讲。

（2）向大家介绍一段你周围的人继承中华民族传统礼仪、礼节的美德故事。

（3）现代礼仪和古代礼仪的区别和联系有哪些？

（4）礼仪有哪些基本特征？

第二课　礼仪的起源与发展

至理名言

礼尚往来。往而不来，非礼也；来而不往，亦非礼也。

——《礼记·曲礼上》

【应知导航】

（1）礼仪的起源。

（2）礼俗和礼制的区别和联系。

（3）如何培养礼仪修养。

【知识探究】

礼仪作为人类社会生活的行为规范，是与人类社会同时产生并同步发展的。每个社会阶段都会形成与之相适应的礼仪。每种礼仪形式都有一个从无到有、从低级到高级、从局部到整体的衍变过程。了解礼仪的起源和发展，有助于我们更好地继承先辈创造的文明成果。

一、礼仪的起源

关于礼仪起源的说法有很多。

有些思想家和哲学家认为礼仪起源于原始信仰，而人类最初的信仰大多以图腾为对象。一种图腾，通常代表一个部落或部族，它既是古今血缘相系的象征，又是维护部落整齐有序、团结和谐的神祇。图腾往往是人们内心对现实世界的不理解而产生的恐惧或崇拜的具体反映。在古时候，由于生产力水平低下，人们无法理解日月星辰的交替、风雨雷电的肆虐等自然现象，在当时的人们看来，那是一种超自然的力量，而这种超自然的力量又是与生存休戚相关的。古人认为这些现象是某种自然之外的神灵在左右，于是便对这些自然现象膜拜起来。例如：久旱思雨，当时的人们想象"龙"主导风调雨顺，便祈求"龙"降雨水，久而久之，便产生崇拜的心理，祈祷神灵保佑平安，降福消灾。随着崇拜、祈祷名目的增多，便形成了许多礼仪，如祭天之礼仪、祭地之礼仪、祭祖之礼仪等。这些礼仪在古代婚姻仪式中的"拜天、拜地、拜父母"中表现得最为明显。

历史唯物主义者认为，礼仪是社会历史的产物，是人类脱离动物界并组成人类社会以后，在长期的人类社会实践中逐步形成的。礼仪体现的是人与人之间的关系，只有在社会中的人与人之间才会发生关系，且只有当人脱离动物性并意识到这种关系时，才会出现礼仪。

礼仪是个人与他人之间关系的自觉认识和行为选择的结果，它只能在一定的社会交往关系中产生，并通过一定的社会交往关系表现出来。

因此，礼仪起源于最初的人类交往，是人与人之间相互交往的结果，是人类社会历史活动的产物。

二、礼仪的发展

1. 礼仪的萌芽时期

礼仪起源于原始社会，在 100 多万年的原始社会历史中，人类逐渐开化。在原始社会中晚期出现了礼仪的萌芽。例如：生活在距今 2～3 万年前的北京周口店山顶洞人，就已经知道打扮自己，他们用穿孔的兽齿、石珠作为装饰品挂在脖子上；他们在去世的族人身旁撒放赤铁矿粉，并举行原始的宗教仪式——这是迄今为止在中国发现的最早的葬仪。

2. 礼仪的发展时期

西周末期，王室衰微，诸侯纷起争霸。公元前 770 年，周平王东迁洛邑，是东周的开端。承继西周的东周王朝已无力全面恪守传统礼制，出现所谓"礼崩乐坏"的局面。而后，春秋战国时期相继涌现出孔子、孟子、荀子等思想巨人，发展和革新了礼仪理论。

孔子认为"不学礼，无以立""质胜文则野，文胜质则史。文质彬彬，然后君子"。他要求人们用道德规范约束自己的行为，要做到"非礼勿视，非礼勿听，非礼勿言，非礼勿动"。他倡导的"仁者爱人"强调人与人之间要有同情心，要互相关心，彼此尊重。总之，孔子较为系统地阐述了礼及礼仪的本质与功能，把礼仪理论提升到了一个新的高度。

3. 礼仪的变革时期

礼仪的变革受礼俗的影响很大。中华礼仪由两部分组成：一为礼制，二为礼俗。礼制是国家规定的礼仪制度，礼俗是民间习惯形成的礼仪习俗。从人类学的角度考察，礼俗是先于礼制的。原始社会氏族部落的礼俗，完全处于一种自在状态，它只是为了本部落或地区民族的生产有序而建立的行为规则，而且是约定俗成的，所以它可以自由地传播发展，后来形成了丰富多彩的格局，创造了灿烂辉煌的中华文化。礼制是阶级社会的产物，伴随着国家的产生而产生，并伴随着国家的发展而发展。当物质生产的发展和精神文明的开化使民族部落逐渐融合统一，产生了阶级和国家之后，统治者要求国民行为规范统一，于是便产生了朝章法典、礼仪制度。

最初的礼制是沿袭先进部落的礼俗制定的，以此去规范万民百姓。礼制在发展过程中，既不断地吸取民间的优良礼俗经验，同时又淘汰一些过时无用的礼制，这被称为沿袭中的损益。礼制是通过不断借鉴、改造历史传统与民俗发展起来的。礼制中尊老爱幼、迎来送往、喜庆凶吊、冠婚丧祭诸仪式，都具有可沿袭的特征。礼制把原来礼俗的规格提高了，使其庄严神圣且规范统一。礼制的主要功能是维护国家的统一和兴旺发达，而礼俗使社会在井然有序中又充溢着温馨和美好的人生情趣，二者相辅相成，共同保证了人际交往和社会生活的有序进行。

从《唐六典》和《唐会要》中可以看到，礼俗极大地影响了礼制，或丰富、革新了礼制的内容，或简化了礼制的仪式，使礼仪处在不断的发展变化中。到了宋代，理学大师朱熹极力主张简化仪节度数，从《文公家礼》中可以看出，简化仪节在宋代已成为一种趋势。简化仪节形式，可省时节财，便于推广利用，从而使礼仪更具有积极的普及意义。简化后普及，并根据各地特点变革其形式，使礼俗似千姿百态的鲜花一般争奇斗艳，这就是礼仪在长期发展中的变革性。

三、培养礼仪修养的方法

1. 自尊自爱，自我约束

自尊，就是要自我尊重。一个人只有自己尊重自己，才能得到别人的尊重。待人接物，不卑不亢，既热情又稳重；为人处世，不随波逐流、人云亦云；碰到挫折，不自暴自弃；遇事顺利，不忘乎所以。自爱，就是要接纳自己，包括自己的优点和缺点。接纳优点，是为了增添自信，进一步发展自己；接纳缺点，是为了使自己有自知之明，能够扬长避短，完善自己。自我约束，就是在应当努力的时候学会坚持，在应当停止的时候学会放弃，不任性苛求，不固执己见。

2. 遵守规范，尊重他人

遵守规范，就是凡事要讲究适度，协调好与各类公众的关系，使自律与他律相统一。尊重他人，就是要真诚待人，与人为善；就是要善解人意，为他人着想。只有"我为人人"，才能"人人为我"；只有尊重他人，才能赢得他人的尊重。当我们用礼貌的态度对待他人时，对他人是一种提示和示范，也同样会得到他人礼貌的回应。

知识链接

北京有一家外资企业招工，要求很高，但薪酬也很高，所以有很多人来应聘。这些年轻人过五关斩六将，最后到了总经理面试这一环节。这些年轻人觉得这一关只不过是走走过场罢了，准十拿九稳了。

到了总经理面试这一天，一见面，总经理说："很抱歉，我有点急事，要出去10分钟，你们能不能等我？"这些年轻人说："没问题，您去吧，我们等您。"总经理走后，面试的年轻人一个个闲不住，围着总经理的写字台看，只见上面文件、信件、资料码了好几摞。他们你看这一摞，我看那一摞，看完了还交换看。

10分钟后，总经理回来了，说："面试已经结束。"年轻人们感到十分讶异："没有啊？我们还在等您啊。"总经理说："我不在的这一段时间，你们的表现就是面试。很遗憾，你们没有一个人被录取。因为，公司从来不录取那些不尊重他人，乱翻他人东西的人。"

3. 顾全大局，求得和谐

人际交往，贵在和谐，群体相处，难免发生矛盾。当个人的利益与群体的利益、局部的利益与全局的利益、暂时的利益与长远的利益发生冲突时，应以群体利益、全局利益、长远利益为重。顾全大局，求得和谐，这也是礼仪真谛所在。

4. 学习礼仪，贵在实践

礼仪是一种行为准则，其中诸如礼貌、礼节、仪式等都有许多具体的规范和约定俗成的做法需要我们了解、掌握，更有许多技巧、技能需要从实践和训练中获得。实践中，要反对一切矫情虚妄。我们提倡"微笑待人"，是因为心里有一份善意；我们讲究礼貌称谓，是因为对他人有一份尊重。切不能把礼仪视作一种流于表面的形式，礼仪应是人们内心美好情感的自然流露，是外在形式与内在精神的完美统一。

学习礼仪，贵在实践。我们可以从现在开始，有意识地培养、锻炼自己：在与人们的交往中，从一声称呼到一次握手；在社会组织的公务活动中，从一次会议到一次信函往来；在外事活动中，从一项会谈到一席宴请；在个人的形象仪表上，从一套服饰到一次美容。一举手、一投足，都按礼仪的要求去行事。久而久之，就会养成良好的礼仪习惯，并将它融入我们的个性之中，表现出独特的个性之美。

知识点拨

案　例

法国一个偏僻的小镇，据传有一眼特别灵验的泉水，可以医治各种疾病。有一天，一位拄着拐杖、少了一条腿的退伍军人，一瘸一拐地走过镇上的马路，向泉水的方向走去。旁边的镇民带着同情的口吻说："可怜的人，难道他要祈求再有一条腿吗？"这句话被退伍军人听到了，他转过身对他们说："我不是要祈求有一条新的腿，而是要祈求我没有一条腿后，也能够知道如何过日子。"

案例分析：

这个案例用两种截然不同的行为向我们展示了什么是良好的礼仪。

首先，镇民同情的口吻，事实上近乎嘲讽，而嘲笑人的身体缺陷正是言谈礼仪的大忌。与此相反，退伍军人不仅对这种嘲讽采取了宽容的态度，而且让镇民学会了感恩。

学以致用

（1）你赞同荀子的"性本恶"是礼仪起源的观点吗？请阐述理由。

（2）礼仪的发展经历了哪几个阶段？

（3）当个人的利益与群体的利益产生冲突时，我们应该怎么做？

（4）为什么说学习礼仪贵在实践？

第三课　礼仪的作用与原则

至理名言

在天者莫明于日月，在地者莫明于水火，在物者莫明于珠玉，在人者莫明于礼义。故日月不高，则光晖不赫；水火不积，则晖润不博；珠玉不睹乎外，则王公不以为宝；礼义不加于国家，则功名不白。故人之命在天，国之命在礼。

——《荀子·天论》

【应知导航】

（1）礼仪在社会生活中的作用。

（2）礼仪的基本原则。

（3）要学习和讲究礼仪的原因。

【知识探究】

讲究礼仪是社会文明的一种体现。讲究礼仪、尊重他人，是一个人精神状态、文化教养和道德水平的反映。古人云："国尚礼则国昌，家尚礼则家大，身尚礼则身正，心有礼则心泰。"可见礼仪在社会生活中何等重要。

一、礼仪的作用

在现代社会，虽然一个国家的综合国力包含的内容十分广泛，但在评价一个国家时，通常是从这个国家人民的言行举止、文明习惯所体现的素质与精神面貌入手的。礼仪是衡量一个国家的社会风貌、道德水准、文明程度、文化特色、公民素质的重要标准。

1. 促进社会主义精神文明建设

礼仪属于文化范畴，是构成社会主义精神文明的基本要素，是人们观察、了解精神文明建设的着眼点，也是纯净社会、清正风化的有效措施。我们倡导的文明礼貌，是以人与人之间的平等关系为原则、以对人的尊重关怀为基础的，它要求人们努力做到内在心灵美与外在语言美、仪表美的和谐统一。礼节、礼貌反映了社会的文明程度及公民的精神面貌，同时又作用于道德建设，形成一种具有约束力的道德力量，要求社会成员按社会的期望将自己的言行纳入符合时代之礼的轨道，使人们自觉地选择符合时代风尚的言行，摒弃违背社会和民族文明的陋习。

2. 调节人际关系

礼仪是社会活动的润滑剂，是联络人们感情的纽带、沟通人际关系的桥梁，它对营造一个平等、团结、友爱、互助的新型人际关系的环境起着不可忽视的作用。礼仪所表达的意义主要是尊重。尊重可以使对方在心理上感到满足、愉悦，从而产生好感和信任心理。

完备的礼仪可以联络人与人之间的感情，协调周围的人际关系，使不愉快烟消云散。

知识链接

"礼"的终极目标——以"和"为贵

《论语》中"礼之用，和为贵""不以礼节之，亦不可行也"指出，以一定的规矩制度来节制人们的行为、调和各种冲突、协调人际关系，使人事处理恰到好处，这就是"礼"的正面价值。"礼"使社会秩序化、和谐化。因此，"礼"的功用就是实现"和"的境界。先王治国，处理大事小事都以"礼"为标准。若以"礼"的方式还不能实现"和"，那也不能放弃"礼"。正如，法律的最终目的是实现社会和谐，但也不能一时实现不了和谐就牺牲法律。不能牺牲"礼"去追求和谐。"礼"是协调社会秩序和人际关系的一种行为规范。以"礼"的要求处理社会中的不公正现象。"礼"运用得好不好，以"和"为评判标准。随着近年来中国经济的迅猛发展，人们越来越追逐利益，甚至有些人不惜做一些违背良心道德的事情。我们需要提倡礼的重要性，反对不良风尚，提高人们的个人修养，使其不被金钱迷惑。只有每个人都懂礼守礼，社会才能真正和谐。

3. 教育自己，影响他人

礼仪是一种高尚、美好的行为方式，它通过评价、劝阻、示范等教育形式纠正人们不良的行为习惯，倡导人们按礼仪规范的要求协调人际关系，维护正常的社会秩序。遵守礼仪原则的人客观上也起着榜样的作用，他们无声地影响着周围的人。人们可以在耳濡目染中接受教育、净化心灵、陶冶情操、匡正缺点、端正品行。

知识链接

孔融小时候聪明好学，才思敏捷，巧言妙答，大家都夸他是奇童。4岁时，他已能背诵许多诗赋，并且懂得礼节，父母非常喜爱他。一日，父亲买了一些梨子，特地拣了一个最大的梨子给孔融。孔融摇摇头，另拣了一个最小的梨子说："我年纪最小，应该吃小的梨，那个大梨就给哥哥吧。"父亲听后十分惊喜，说："那弟弟也比你小啊。"孔融说："因为弟弟比我小，我更应该把大的留给他。"

孔融让梨的故事很快传开，并且一直流传下来，成了许多父母教育子女的好例子。

4. 更好地表现个人价值

人生价值的展示过程即表现自我的过程。一个人，无论从事什么职业，无论有何信仰、观念与思想，都在自觉或不自觉地表现着自己。礼仪规范能最大限度地帮助人们找到实现自我价值的最优表现形式。

知识链接

旅行社在招聘一名导游，应聘者中有两个人表现突出且不相上下，经理需要在两个同样有才干的应聘者中选出一个，这让他举棋不定，难以拍板。突然经理想起一件事：

一个风雨交加的夜晚，他搭乘公交车回家，坐在最后排的一个位子上。公交车到站停了，上来一位老妇人，提着一个沉重的袋子，孤零零地站在车厢的过道上。老妇人面对着的是一位看起来很有风度的男子，但是这名男子举着报纸将脸挡住，故意装作没看见。经理从后排站起来，沿着过道走去，提起那个袋子，把老人扶到自己的座位坐下。该男子仍然举着报纸低着头，对车厢里发生的一切假装什么也没有看见。经理顺便朝那男子瞅了一眼，那张脸庞深深地印入了脑海——该男子正是两位应聘者之一。最终，经理果断做出决定让这名男子出局。

二、礼仪的原则

文明社会给人们造就一种安定、和谐的气氛，使人们生活得心情舒畅，这是因为人们都注意遵守交往的基本礼仪准则。在不同的时间和场合，针对不同的对象，人们采用的礼仪有所不同，但其中隐含的基本原则是一致的，即秉持遵守公德、尊重他人、真诚、适度、守信、宽容和审美的原则。

1. 遵守公德

礼仪是人们交往中互相尊重、联络感情、增进友谊的体现，也是一个人公共道德修养的外在表现。礼仪的简易化、人情化越为人们所接受，其对社会人际交往行为的渗透就越深入，人们对道德修养的依赖性也就越强。礼仪如果不以社会公德为基础，不以个人的文化素质、品格修养为内涵，而只注重形式，则必定事与愿违。

知识链接

导游小张带团去旅游，一次上厕所时，听到隔壁的卫生间里"砰砰"地响，小张有点纳闷。出来之后，一位女士很着急地问他有没有看到她的孩子，她的小孩进厕所10多分钟了，还没有出来。小张想起了隔壁厕所间里的响声，便进去敲了敲厕所门，门打开后小张看到一个七八岁的小孩正在摆弄抽水马桶，因为怎么都抽不出水来。小孩急得满头大汗，但仍然在不懈地找办法，因为他觉得上厕所不冲水是违背公德的。

2. 尊重他人

在人际交往中讲究礼仪，是为了表达对别人的尊重。人们都有满足物质生活的需要，但更有获得尊重的期望，而且人们一般对尊重自己的人有一种天然的亲近和认同感。尊重他人，首先是在自尊、自爱的同时，尊重他人的人格、劳动和价值，以平等的身份同他人交往；其次是尊重他人的爱好和感情，不强求他人按自己的爱好和志趣来生活、行事。古语云："敬人者，人恒敬之。"俗语道："你敬我一尺，我敬你一丈。"它们表达的都是同一个含义：尊重应该是相互的。你尊重别人，别人自然会尊重你；你不尊重别人，你也不会被别人尊重。

知识链接

《穀梁传》记载了这样一件事。公元前590年，齐国国君齐顷公在朝堂接见来自晋国、鲁国、卫国和曹国的使臣，各国使臣都带来了墨玉、币帛等贵重礼品献给齐顷公。献礼的时候，齐顷公向下一看，只见晋国的正卿郤克是个单眼盲人，鲁国的上卿没有头发，卫国的上卿孙良夫脚有残疾，而曹国的大夫公子是驼背，他不禁暗自发笑："怎么四国使臣都是有毛病的？"

当晚，齐顷公见到自己的母亲萧夫人，便把白天看到的4个人当笑话说给萧夫人听。萧夫人一听便乐了，执意要亲眼见识一下。正好第二天是齐顷公设宴招待各国使臣的日子，于是便答应让萧夫人届时躲在帷帐后面观看。第二天，四国使臣的车子一起到达，齐国竟然安排独眼的人迎接晋使，秃头的人迎接鲁使，脚残的人迎接卫使，驼背的人迎接曹使。众人依次入厅时，萧夫人掀开帷帐向外望，一看到这个场景便忍不住大笑了起来，她的随从也个个笑得前仰后合。笑声惊动了众使者，当他们弄明白原来是齐顷公为了让母亲开心，特意做了这样的安排时，个个怒不可遏。第二年，四国联合起来讨伐齐国，齐国不敌，大败，齐顷公只得讲和。

3. 真诚

真诚是人与人相处的基本态度。真诚是一个人外在行为与内在道德的有机统一。在人际交往中必须做到诚心待人、心口如一，不能虚情假意、心口不一。待人真诚的人能很快得到别人的信任，而与人交往时表里不一、口是心非、缺乏真诚的人，即使在礼仪方面做得无可指责，最终还是不会取得别人的信任。在社交场合，并非每个人都能有优美的姿态、潇洒的风度、得体的谈吐，但是，只要以真诚为原则，并处处体现出来，使与你交往的每个人都能感到你所做的一切都是发自内心的、真诚的，就能赢得友情、广交朋友。

■ 知识链接 ■

对于知识，孔子的态度是"知之为知之，不知为不知，是知也"，懂就是懂，不懂就是不懂，这才是一个人真心求知的表现。孔子是这样说的，也是这样做的。

鲁国建有祭祀周公的太庙，孔子初进太庙时，对太庙中的一切都产生了浓厚的兴趣，总向别人问这问那，好像有问不完的问题。有人对孔子这种强烈的求知欲不理解，于是就说孔子的闲话："谁说陬邑大夫（孔子的父亲叔梁纥）的儿子懂礼呢？他进到太庙，每件事都要问别人。"孔子听说后，一点也不恼火，他说："这正是合乎礼的做法呀。"

4. 适度

适度是指在施行礼仪的过程中必须熟悉礼仪准则和规范，应注意保持人际交往的距离，把握与特定环境相适应的、人们彼此间的感情尺度、行为尺度，以建立和保持健康、良好、持久的人际关系。遵循适度原则有多方面的要求。首先应该感情适度，在与人交往时，既要彬彬有礼，又不能低三下四；既要热情大方，又不能轻浮谄媚；其次应该谈吐适度，在与人交谈时，既要诚挚友好，又不能虚伪客套；既要坦率真诚，又不能言过其实；最后应该举止适度，在与人相处时，既要优雅得体，又不能夸张造作；既要尊重习俗，又不能粗俗无礼。

5. 守信

守信就是指在交往中要讲真话，并信守诺言、实践诺言。古人说："人而无信，不知其可也。"儒家把信用作为重要的美德（"仁""义""礼""智""信"）之一。孔子所说"民无信不立"，强调的是要守信用。在人际交往中，一个讲信用的人能够做到前后一致、表里一致、言行一致，人们可以根据他的言论去判断他的行动、预测他的行为，以促进交往正常发展。许多礼仪都体现了守信用这个基本精神，如遵守约定的时间，遵守对别人的承诺，言必信、行必果，不失信于人。

6. 宽容

宽容是指心胸宽广，"海纳百川，有容乃大"。一个有宽阔胸怀的人往往能做到宽容别人，易于博得他人的爱戴和敬重。正如孔子所言："宽则得众。"宽容是与民主、平等、独立相关的，是民主社会的伴随物。随着商品经济的发展，人们交往的范围日益扩大，而社会节奏的加快、技术的进步、经济的活跃、思想的碰撞都需要人们有更大的相容度，以接纳不同观点、不同现象及不同性格的人。

7. 审美

我们之所以把审美标准作为现代礼仪的一个原则，是因为审美的结果是反映社会进步的一个方面，"爱美之心，人皆有之"。审美的目的是要达到真、善、美的统一。社会的发展及科学的进步，使真、善、美打破了界限，达到了你中有我、我中有你、彼此结合、浑然一体的境界。按照美的要求来建设今天的世界，已为越来越多的人接受；按美的要求来设计人际关系，也已成为人们乐于接受的一种生活准则。

知识点拨

案 例

某公司曾一度陷入困境，员工士气低落。新一任董事长上任后，他经常不带秘书，一个人深入各工厂与工人聊天，听工人的意见，他甚至还经常带着餐饮去慰劳员工并与他们同吃共饮。终于，他赢得了公司上下的支持，员工的士气也高涨了起来。3年后，这位新董事长终于重振了日暮穷途的公司。

案例分析：

尊重的作用是巨大的，新任董事长对普通员工的尊重赢得了公司上下的支持。他的诀窍就是关心、重视、尊重每一位员工，"敬人者，人恒敬之"。

■ 学以致用 ■

（1）为什么说礼仪可以调节人际关系？
（2）我们如何通过礼仪去影响他人？
（3）请谈一下你对礼仪原则中的诚实守信原则的认识。
（4）为什么将审美作为礼仪的原则之一？

从"美"的视角传承礼仪文化

中国礼仪文化根植于中华文化的土壤之中，对中国人的生活方式、行为取向、审美标准产生了广泛而深刻的影响。礼仪表现出来的维护社会秩序的和谐美、涵养个体身心的格调美、缘饰现实生活的情感美、尊重生命个体的幸福美，都是其难以消融的审美特质。从审美视角挖掘公民自觉提升礼仪素养的内在动因，通过彰显礼仪的审美特质、激发礼仪的审美驱动、挖掘礼仪的审美价值，使内在的审美需求转化为外在的礼仪实践，是满足人民对美好生活需求、继承和发展中华优秀传统礼仪文化的重要路径。

彰显礼仪的审美特质。礼仪的审美特质，通常是通过个体和群体的行为、活动彰显出来的。从个体的行为动作、语言服饰、饮食起居等，到群体的传统节庆、祭祀活动；从寻常百姓家的婚丧嫁娶仪式，到国家的盛大典礼活动，都有鲜明的形象性，都彰显着礼仪的美，带给人审美的愉悦，具有极强的感染力、渗透力、影响力。在传承礼仪文化、构建现代礼仪的过程中，通过对个体仪容美、仪态美、服饰美、语言美的规范和养成，引导个体对礼仪之美的欣赏与认同，使其自觉明礼守礼。而在群体参与的礼仪活动中，通过特定的环境、程序、礼器、服饰等，激发参与者的情感共鸣和价值认同，增强群体归属感、自豪感。例如，在建党百年的庆典活动中，特定造型的方阵、服饰、庄严的升旗仪式、鲜艳的红旗、鸣响的礼炮、少年们"请党放心，强国有我"的铿锵誓言等，都能使参与者在仪式的审美情感体验中，激发爱党、爱国之心，增强民族自豪感和归属感。

激发礼仪的审美驱动。"人们对美好事物的向往，是任何力量都无法阻挡的。"审美追求是人的精神追求，对一个人的人性完善、人生修养与人生境界提升来说，是必不可少的。孔子说："兴于诗，立于礼，成于乐。"孔子认为，最高的人生境界是一种审美的境界，而这种审美境界的追求必须"立于礼"。礼是审美人生的诗意栖居状态，是审美个体的各得其所、各安其位而悦己悦人、美美与共的和谐共存。所谓"知之者不如好之者，好之者不如乐之者"，对礼仪的审美追求，是在明礼守礼的过程中，对礼产生情感的愉悦，得到审美的享受。费孝通在《乡土中国》中说："礼并不是靠一个外在的权力来推行的，而是从教化中养成了个人的敬畏之感，使人服膺；人服礼是主动的。礼是可以为人所好的，所谓'富于好礼'。""所好"正是在审美情感的驱动下，对礼仪的认同与遵循。在审美情感的驱动下，礼仪可以涵养人的德行，陶冶人的情操。礼仪化的人生不仅是向善向上的人生，而且是美的、艺术化的人生。明礼守礼的生活是充满美感、情感乃至敬畏感的生活。

挖掘礼仪的审美价值。礼仪渗透在社会生活的方方面面，对于规范人们的行为、凝聚社会人心、提高文明风尚有重要意义。礼仪强调以"仁爱""忠恕"等为出发点，追求人格美。当这种审美以真诚的情感为基础时，会显示出个体在言行举止、衣冠容貌等方面的雅致之美。所谓"由礼则雅"，无礼则"庸众而野"，个体在以优雅、优美的方式彰显形象时，能在他人的肯定与欣赏中获得审美愉悦，促进其对美的追求。

礼仪强调在社会交往的礼让中，构建和谐美。有子曰："礼之用，和为贵。先王之道，斯为美。"礼仪旨在协调人与人之间、人与社会之间、人与自然之间的关系，其目的是引导人们以宽容、谦让的态度待人处世，构建和谐融洽的社会秩序。

礼仪强调在礼俗活动的遵循中激发情感美。在中国纷繁众多的礼仪现象中，有许多承载着各地区、各民族共同生活的人们集体记忆和集体情感的良俗，如元宵节的灯会与舞龙舞狮、除夕夜的年饭和鞭炮、端午节的龙舟和粽子，都是关于乡情的文化记忆和独特的审美符号，凝聚着社会群体长期积累下来的思想文化和价值认同。人们通过对这些活动创作、欣赏及参与，可以与群体进行充分的交流与互动，使自己充分地融入群体中，激发情感共鸣，增强群体归属感和民族自豪感。

礼仪强调在仪式活动的参与中，凝聚价值认同。"礼仪是宣示价值观、教化人民的有效方式，要有计划地建立和规范一些礼仪制度，如升国旗仪式、成人仪式、入党入团入队仪式等，利用重大纪念日、民族传统节日等契机，组织开展形式多样的纪念庆典活动，传播主流价值，增强人们的认同感和归属感。"群体参与的仪式活动，常常通过一系列感性的环境和程序的设立，引发参与者的审美感受，凝聚社会共识和价值认同。

当前，我国社会主要矛盾已经转化为人民日益增长的美好生活需要和不平衡不充分的发展之间的矛盾。美好生活需要，必然包括对美好文化生活的需要。通过以"美"传承礼仪文化，为人民的生活注入更多"美"的元素，让礼仪之美融入人们生活的日常，让中华民族的礼仪文化在创新中绽放出永恒的魅力。

[周红才.从"美"的视角传承礼仪文化[N].中国社会科学报,2021-12-7(12),(有改动)]

讨论：

1. 阅读材料，你有什么启发？
2. 结合材料和所学知识，谈谈礼仪之美应当如何融入人们的日常生活。

第二篇

个人礼仪——
细节决定成败

开篇寄语 ▼

对个人来说，个人礼仪是文明行为的道德规范与标准；对国家来说，个人礼仪是一个国家文化与传统的象征。个人礼仪所形成的一种具有较强社会约束力的道德力量，使每一个社会成员都能够自觉地按照社会文明的要求调整行为，摒弃陋习。个人礼仪从侧面反映了一个社会的文明程度。个人礼仪是一个人的生活行为规范，是个人仪表、仪容、言谈、举止、待人、接物等方面的具体规定，是个人文化素养、教育良知等精神内涵的外在表现。

育人目标 ▼

学习并掌握个人礼仪的道德行为规范，能够在个人仪容仪表、言谈举止和待人接物方面做到"克己复礼""修己以敬"。

第一课　仪容仪表礼仪

至理名言

面必净，发必理，衣必整，纽必结。头容正，肩容平，胸容宽，背容直。气象：勿傲、勿暴、勿怠。颜色：宜和、宜静、宜庄。

——镜箴

【应知导航】

（1）TPO 原则的含义。

（2）穿西装时需要注意的地方。

（3）选择袜子的时候需要注意的地方。

【知识探究】

个人是交往活动和公共关系活动的主体，个人端庄的礼仪面貌（即仪容、仪表、仪态）、得体的语言和良好的心理素质，对树立良好的个人形象和组织形象、建立成功的公共关系都有积极的影响。因此，必须把个人的形象礼仪当作一种职业要求加以重视，从一点一滴做起。

一、服饰礼仪

1. 服饰穿着基本原则

古今中外，着装都体现着一种社会文化，体现着一个人的文化修养和审美情趣，是一个人身份、气质和内在素质的外在表现。从某种意义上说，服饰是一门艺术，服饰所能传达的情感与意蕴不是语言所能替代的。在不同场合，穿着得体、适度的人会给人留下良好的印象；而穿着不当，则会降低人的身份，损害自身的形象。

> **小贴士**
>
> 服饰的基本要求：整洁；大方；适体；适时。

在社交场合，服饰得体是一种礼貌，在一定程度上直接影响着人际关系的和谐。

影响着装效果的因素主要有以下 3 点。

一是要有文化修养和高雅的审美能力，即所谓"腹有诗书气自华"。

二是要有运动健美的形体，健美的形体是着装美的天然条件。

三是要掌握基本着装要求、着装原则和服饰礼仪的知识，这是达到内外和谐统一美的不可或缺的条件。

> **知识链接**
>
> 电子商务专业毕业的小王的语言表达能力不错，对公司产品的介绍也得体，人既朴实又勤快，在业务人员中表现突出，经理对他抱有很大期望。可小王做销售代表半年多了，业绩总上不去。问题出在哪儿呢？原来，他是个不修边幅的人，喜欢留长指甲，衬衣领子也不能保持洁白，有时候手上还记着电话号码。

（1）TPO 原则。着装的 TPO 原则是世界通行的着装打扮的最基本的原则，它是英文 Time（时间）、Place（地点）、Occasion（场合）3 个词的首字母。该原则于 1963 年由日本男装协会提出，之后便迅速传播，现已成为世界服装界公认的着装审美原则之一。

TPO 原则的注意事项有以下两点。

① 着装应与自身条件相适应。选择服装首先应该与自己的年龄、身份、体形、肤色、性格等和谐统一。

年长者、身份地位高者，选择服装款式不宜太新潮，应当选择款式简单且质地高档的服装，与身份、年龄相吻合。青少年着装则应着重体现青春气息，朴素、整洁为宜，清新、活泼较好，"青春自有三分俏"，若以不合适的服饰破坏了青春朝气，实在得不偿失。

形体条件对服装款式的选择也有很大影响。身材矮胖、颈粗、圆脸形者，宜穿深色"V"形领、大"U"形领套装；而身材高瘦、颈细长、长脸形者宜穿浅色、高领或圆形领服装；方脸形者则宜穿小圆领或双翻领服装。身材匀称、形体条件好的人，着装范围则较广，可谓"淡妆浓抹总相宜"。

② 着装应与职业、场合、交往目的与交往对象相协调。这是一条不可忽视的原则。工作时的着装应遵循端庄、整洁、稳重、美观、和谐的原则，这样能给人以愉悦感和庄重感。着装可以成为一个组织、一个单位的标志和象征。一个单位职员的着装和精神面貌，能很好地体现这个单位的文化。现在越来越多的组织、企业、机关、学校开始重视统一着装，这是很有积极意义的举措，不仅给着装者带来了自豪感，而且使着装者多了一份自觉和约束。

■ 知识链接 ■

郑某是一家大型国有企业的总经理。有一次，他获悉一家著名德国企业的董事长正在本市访问，并有寻求合作伙伴的意向。于是他想尽办法，请有关部门为双方牵线搭桥。

让郑总经理欣喜若狂的是，对方也有兴趣同他的企业合作，而且希望尽快与他见面。到了双方会面的那一天，郑总经理对自己的形象刻意进行了一番修饰，他根据自己对时尚的理解，上穿夹克衫，下穿牛仔裤，头戴棒球帽，足蹬旅游鞋。无疑，他希望自己能给对方留下精明强干、时尚新潮的印象。

然而事与愿违，郑总经理自我感觉良好的这一身时髦的"行头"，却偏偏坏了他的大事。

着装应与场合、环境相适应。在正式社交场合，着装宜庄重大方，不宜过于浮华。在晚会或喜庆场合，服饰则可明亮、艳丽些。

在节假日休闲时，着装应随意、轻便些，西装革履则显得拘谨而不适宜；在家庭生活中，着休闲装、便装更益于家人之间沟通感情，益于营造轻松、愉悦、温馨的氛围。着装还应与交往对象、目的相适应，与外宾、少数民族交往时，更要特别尊重他们的习俗禁忌。总之，着装的最基本的原则是体现和谐美，上下装呼应和谐，饰物与服装色彩相配和谐，着装与身份、年龄、职业、肤色、体形和谐，着装与时令、季节、环境和谐等。

（2）穿西装的原则。西装因其设计造型美观、线条简洁流畅、立体感强、适应性广泛等特点而越来越受到人们的青睐，几乎成为世界通用的服装。西装七分在做，三分在穿。西装的选择和搭配是很有讲究的。选择西装既要考虑颜色、尺码、价格、面料和做工，又不可忽视外形线条和比例。西装不一定必须使用高档的面料，但必须裁剪合体，整洁笔挺。一般来说，色彩较暗、样式沉稳、无明显图案、面料较好的单色西装套装适用场合广泛，穿着时间长，利用率较高。穿西装应遵循以下礼仪原则。

① 西装套装上下装颜色应一致。在搭配上，西装、衬衣和领带中应有两件为素色。

② 穿西装套装必须穿皮鞋，便鞋、布鞋和旅游鞋都不合适。

③ 搭配西装的衬衣颜色应与西装颜色协调，不能是同一颜色，且质地一定要好。白色衬衣配各种颜色的西装效果都不错。在正式场合，男士不宜穿色彩鲜艳的格子衬衣或花色衬衣，衬衣袖口应长出西装袖口 1～2 厘米。在正式庄重场合，穿西装必须打领带，其他场合不一定要打领带。打领带时衬衣领口扣子必须系好，不打领带时衬衣领口扣子应解开。

知识链接

小李是某校电子商务专业的一名刚毕业的学生，准备参加招聘面试。他为面试买了件新衬衫，在面试当天才拆开。小李并不在乎衬衫上有褶痕，以为穿上西装就能挡住了。但是，没料到面试过程中，面试官让他把西装脱掉，以更加舒适、放松。小李当时就傻眼了，满脑子想的都是衬衣上的褶痕。

④ 西装纽扣有双排、单排之分。双排扣西装应把扣子都扣好。单排扣西装：1 粒扣的，系上端庄，敞开潇洒；2 粒扣的，系扣方式较随意，敞开或只扣第一粒都合规范；3 粒扣的，系上面 2 粒或只系中间 1 粒都合规范。穿西装背心时，西装外套最下边的那粒衣扣一般可以不系。

小贴士

西装的驳领上通常有一只扣眼，称为插花眼，是参加婚礼、葬礼或出席盛大宴会、典礼时用来插鲜花用的。西装的衣袋和裤袋里，不宜放太多的东西，以免把衣服撑变形。西装左右两侧的内袋里，可以放名片夹、笔等轻小物品。西装的左胸外部衣袋插放装饰性手帕。

⑤ 穿西装时内衣不要穿太多，穿得过分臃肿会破坏西装的整体线条美。春秋季节最好只配一件衬衣，冬季最好不要穿棉毛衫，可在衬衣外面穿一件羊毛衫。

⑥ 领带的颜色、图案应与西装相协调。系领带时，领带的长度以触及皮带扣为宜。领带夹戴在衬衣从上往下数第 4、第 5 粒纽扣之间。

⑦ 西装袖口的商标牌应摘掉，否则不符合西装穿着规范，出席高雅场合会贻笑大方。

⑧ 注意西装的保养。高档西装要吊挂在通风处并常晾晒，注意防虫与防潮。有皱褶时可挂在浴后的浴室里，利用蒸汽使皱褶展开，然后再挂在通风处。

2. 服饰的选择

服饰一般包括服装、领带、帽子、手提包、项链等。服饰在交际礼仪活动中的作用是不容忽视的。交际礼节只限于行为是远远不够的，还要讲究服饰礼节。在不同的场合搭配适当的服饰，会给人留下良好的印象。"人靠衣裳马靠鞍"，穿上款式得体的服装会显得高雅；反之，穿着马虎，衣冠不整，则会显得邋遢。

小贴士

穿戴过时的服饰，会给人以僵化、守旧的印象；一味追求时髦，也会显得轻浮、不实在。

（1）服装面料的选择

身材高而瘦的人，应选用面料稍厚一点的服装，并且要避免颜色暗深的收缩色，这样会显得比较丰满、精神。

身材较胖的人，应选用面料厚薄适中、轻柔而挺括的服装，并忌穿大花、横条纹、大方格图案的服装，否则会更显体形横宽。身材较胖的女士不宜选用面料有皱褶的衣服，不适合穿无袖短衫或无袖连衣裙，不适合穿百褶裙、喇叭裙，穿西装裙较适宜。

（2）穿着场合的选择

穿衣服必须注意场合，否则，本来很美的服装，也会因其场合不适而大为逊色，甚至使人反感。

在公共场合不能只穿针织内衣、紧身内衣或睡衣、睡袍。女士穿下摆窄或长度在膝盖以上的短裙时，切勿在人前把腿架起来。

知识链接

已入耄耋之年的叶嘉莹在讲课时，一定会打扮好仪容，全程站立授课。著名诗人席慕蓉曾说："年轻时听叶老师讲课时，觉得老师就是个发光体。只要叶老师站在那里，就是一首活生生的诗。"

即使在战乱之际，叶老师在讲课之时也不会有丝毫的懈怠。每次在上课前，叶嘉莹都会将头发仔仔细细地梳成鬓燕尾式，将旗袍熨得平平整整。因为那一方三尺讲台，是她的舞台，更是她育人的战场。她重视自己教授的诗文，尊重她所教授的学生，所以她不能容忍自己有一丝一毫的怠慢。

（3）服装色彩的选择

服装色彩能使人通过视错觉产生美感，如浅色有扩张作用，会使人显胖，而深色有收缩作用，能使人显瘦。

服装色彩的选择与肤色也有关系。如肤色偏黄的人应避免蓝紫、朱红等颜色的服装，因为这类颜色与皮肤的对比度强，会使皮肤显得更黄；肤色偏黑的人不宜选用黑、深褐、大红等颜色的服装；而白色服装几乎适合于任何肤色的人。

没有不美的颜色，只有不美的搭配，服装色彩的搭配是有一定审美要求的。色彩和谐的服装能体现出一个人的心理追求和精神风貌。所以，应根据自身的特点选择服装颜色。

知识链接

礼仪之始，在于正衣冠。衣冠正，则品行端；衣冠正，则知礼仪。中国自古就有"礼仪之邦、衣冠上国"的美誉。两三千年前，《礼记》里对穿戴的规定，着眼于早晨的穿戴，是培养人生态度的开始。宋代大儒朱熹说："凡著衣服，必先提整衿领，结两衽纽带，不可令有阙落"，意思是穿衣服的时候，必须先把衣领提起来，整理好，然后把两边衣襟的纽带系好，不能遗漏。紧实整齐的衣着，时刻提醒我们做人做事应充满敬畏。我们中华先辈注重服饰保暖御寒、美体塑形等实用功能，更注重它体现的做人做事的态度和品格。

（4）衬衫与领带的选择

① 衬衫与领带的搭配。一般来说，带有白色、浅色条纹或方格图案的衬衫适合配西装。领带是西装的重要组成部分，花色品种很多，一般要求领带与相宜的西装和衬衫搭配，有图案的领带宜搭配素色无花纹的衬衣。如上衣为鲜艳的格呢，领带就应避免条纹或大花图案，以小花图案为宜；如上衣是粗格呢，领带的颜色则应与格子图案中的某一种色调和谐。

② 领带的作用及系法。对领带的极致描述就是"领带是男人的第二张脸"。一条漂亮的领带，一个完美的领结扣，配上笔挺合身的西装，可以衬托出男士的魅力和气质。除去手表、眼镜等物品外，能让男人在一大堆款式相近、颜色相仿的"西装群"中脱颖而出的就是领带。不仅需要选择一条适合自己的领带，还需学会如何打领带。领带最简单的系法如图2-1所示。

图 2-1　五步学会打领带

知识链接

打领带有3点技巧：其一，要把它打得端正、挺括，外观上呈倒三角形；其二，可以在收紧领带结时，有意在其下压出一个窝或一条沟来，使其看起来美观、自然；其三，领带结的具体大小不可以完全自行其是，而应使其大体与所穿的衬衫领子大小相协调。需要注意的是，穿立领衬衫时不宜打领带，穿翼领衬衫时适合扎领结。

③ 领带的长度与位置。成人日常所用的领带，通常长度为130～150厘米。领带打好之后，外侧应略长于内侧，其标准的长度应当是打好后下端正好触及腰带扣的上端。当外穿的西装上衣系上扣子后，领带的下端便不会从衣襟下面显露出来。在正式场合不应选用长度难以调节的"一拉得"领带或"一套得"领带。

领带打好之后，应被置于合乎常规的既定位置。穿西装上衣系好衣扣后，领带应处于西装上衣与内穿的衬衫之间；穿西装背心、羊毛衫、羊毛背心时，领带应处于它们与衬衫之间。西装里面最好不要穿羊毛衫或毛马甲。如果要穿，建议穿一件单色薄型的"V"形领羊毛衫，不要穿开领的、花哨的羊毛衫，特别是不要同时穿多件羊毛衫。

（5）鞋袜的选择

① 鞋子的选择。鞋子的颜色应该与衣服的颜色相称，一般场合应穿素雅端庄、体面大方的黑色皮鞋。穿花哨衣服时不宜穿黑鞋子。

② 袜子的选择。袜子具有衔接裤子和鞋子的作用，应与裤、鞋协调。黑色皮鞋应配深色袜子。稳重的西装长裤和明亮的黑色鞋子如果配上不协调的、花哨颜色或花纹的袜子，就会使人产生杂乱、失调的感觉。男士为避免在坐下时露出腿毛，应穿黑色或深蓝色的、不透明的中长筒袜。女士袜子的色彩可适度鲜艳，但若参加庄重的社交活动，就应穿肉色

或黑色的长筒袜，避免露出腿部肌肤。

小贴士

男士在进行社会交往时，不宜穿透明的袜子，也不要穿颜色鲜艳的花色袜子。

（6）饰品的搭配

金银、珍珠、宝石制作的项链、耳环、戒指、手镯等饰物对穿衣搭配来说很重要，它可使人展现出高雅、华贵的风姿。适合自己的身份和活动场所要求的饰品有助于赢得公众的好感。一身入时的服装，再配上得体的饰物，如帽子、围巾、手帕、腰带、胸饰、眼镜、手提包等，能起到画龙点睛的作用。

① 控制数量。饰品佩戴数量宜少不宜多，一般不超过 3 件，可以是单一品种的戒指，或者把戒指和项链、戒指和胸针、戒指和耳钉组合在一起使用。饰品佩戴过多，给人一种张扬、烦琐、凌乱和不稳重的感觉，会让人感觉过于浮夸与庸俗，也会分散对方的注意力。

② 巧妙点缀。巧妙地佩戴饰品能够起到画龙点睛的作用。佩戴首饰最关键的就是要与整体服装颜色、质地、款式相统一，与自己的身份相符合。

③ 彰显个性。俗话说："穿衣戴帽，各有所好。"服饰向社会成员传达的信息是"我是什么个性的人"，佩戴的饰品要与个人所追求的风格、兴趣爱好、审美情趣等相统一，展示出个人与众不同的风采。

④ 读懂寓意。比如，戒指是一种无声的语言。戴在食指上表示无配偶、求婚或想结婚；戴在中指上表示已经有意中人或正在恋爱；戴在无名指上表示已订婚或结婚；戴在小指上则表示单身或独身主义者。

知识链接

小刘从学校毕业后到某公司做文秘工作，在一次接待客户时，领导让她照顾一位华侨女士。临别时，华侨对小刘的热情和周到服务非常满意，留下了名片，并真诚地说："谢谢！欢迎你到我公司来做客，请代我向你的先生问好。"小刘一听愣住了，因为她还是单身。可是，那位华侨也没有错，她之所以这么说，是因为看见了小刘左手无名指上戴有一枚戒指。

（7）其他装饰品的选择

① 围巾、帽子的搭配。围巾和帽子对服装的整体性影响很大，在冬季起着点缀色彩的作用。如果衣服颜色较暗，围巾与帽子的颜色则可鲜艳一些；若衣服较鲜艳，佩戴的围巾与帽子的颜色就要素雅一些。另外，男士不应在室内戴手套和帽子。

小贴士

在西方的传统服饰中，手套曾经是必不可少的配饰。现在，手套除了御寒之外，也可以保持手部的清洁和防止太阳暴晒。与人握手时，除女士晚礼服所佩手套外，其他手套都需摘下。进屋以后，一般要立即摘下手套。

② 手帕的选择。手帕也是装饰物，在西装外套左胸口袋里插上一定形状的手帕，可使人平添风采。

③ 腰带的选择。穿西装时，都要扎腰带。男士的腰带一般比较单一，质地多是皮革的，没有太多的装饰。女士的腰带种类丰富，质地有皮革、编织物、其他纺织品等，多用于装饰。

服饰指人的衣服和装饰。一个人无论以什么身份在社会上活动，在仪容方面都有一定的要求。在社交场合，穿着能反映一个人的精神面貌、文化素养和审美水平。如果穿着不当，很难使周围的人产生良好的第一印象。

3. 服饰搭配的要求

（1）整洁大方。在正式场合，整洁的衣着反映出一个人振奋、积极向上的精神状态；而褴褛、肮脏的服装，则是一个人颓废、消极的表现。因此，衣服要勤换、勤洗、熨平整，裤子要熨出裤线；衣扣、裤扣要扣好，裤带要系好；穿中山装应扣好风纪扣；穿长袖衬衣时衣襟要塞在裤内，袖口不要卷起，短袖衫不要塞在裤内。

服饰必须端庄、大方，要让对方感到可亲、可近、可信，乐于与你交往。在社交公关场合，应事先收拾打扮一下，把脸洗干净，头发梳理整齐。男士应刮胡子，女士还可化一点淡妆。一般来说，女性服饰色彩丰富，轮廓较优美，面料较讲究，能够显示出秀丽、文雅、贤淑、温和等气质；男性服饰则线条简洁有力，色彩沉着，衣料挺括。

知识链接

小王作为公司代表去参加商品交易会，但他的头发乱糟糟的，同事建议他去理发。小王来到一家理发厅，理发师在和他闲谈中得知他的职业后，语重心长地对他说："你若不重视自己的容貌修饰，就好像把产品弄脏一样，你作为公司代表都如此，产品还会有销路吗？"一席话说得小王无言以对，后来他接受了理发师的建议，十分注意自己的仪表，工作也做得有声有色。

（2）整体和谐。服饰礼仪中所说的服饰，不完全指我们日常生活中的衣服和装饰物，还指在着装后构成的一种状态，包括它所表达的人的社会地位、民族习惯、风土人情及人的修养、趣味等因素。所以，必须从整体的角度综合考虑和体现各因素的和谐一致，做到适体、入时、从俗。

① 适体，就是追求服饰与人体比例的协调和谐。服饰是美化人体的艺术，服饰应与人体相结合，使服饰的色彩、式样、比例等均适合人体本身的体形，与人体融为有机统一的整体。过松或过紧的衣衫、过小或过大的裤腿、跟过高的鞋子以及不得当的颜色搭配等，都会扭曲人的形体、影响人的形象。

② 入时，就是追求服饰和自然界的协调和谐。人与自然相适应，有春夏秋冬、风雨阴晴的不同服饰，根据四季的变化穿着衣物，不仅符合时宜，而且还可保证人体健康。一般来说，冬天衣服的质地应厚实一点，以利于保暖，而春秋衣服的质地则应相对薄些。

③ 从俗，就是追求服饰与社会生活环境、民情习俗的协调和谐。应努力使服饰体现出新时代的风貌和特征、各民族的不同习俗和特色，以及各种场合的不同气氛和特点。

（3）展示个性。选择什么样的服饰，能够在很大程度上体现出穿着者的个性。在服饰整体统一要求中，追求个性美，可以说是现代生活的一大趋势。

公关礼仪人员在服饰上，也应根据自身的特点和客观实际情况发挥自己职业、年龄、性别、形体的优势，掩饰和缩小这些方面的劣势，充分展示自己的个性，树立社交公关中的美好形象。在公关社交场合，展示个性的同时要把握好以下3点。

① 不要与同去参加活动的同伴穿一模一样的衣服，免得引起别人的比较而造成一个受到青睐、另一个遭到冷落的局面，使大家都不愉快。

② 与一起参加活动的同伴服饰不能反差太大，否则也会引起议论。如两位礼仪人员，一个穿的衣服闪闪发亮，另一个穿的衣服发灰发暗，就会让人感觉不舒服。

③ 在服饰款式、色调、质地上要尽量与客人和在场领导协调，切忌衣着太突出自己，太与众不同，那样就会颠倒主从关系，与礼仪人员的身份不符。

4. 服装颜色的搭配

服装颜色分3类，即暖色、冷色和中间色。红色、黄色、橙色及与其相近的色彩为暖色，给人以热情、温暖的感觉；青色、蓝色是冷色，给人以寒冷的感觉；绿色、紫色是中间色。冬选暖色、夏选冷色是选择服装色彩的原则。服装的色彩搭配协调，才会显得大方端庄。

（1）红色系

① 红色的象征意义。红色象征着温暖、热情与兴奋。淡红色可作为春季服饰的颜色，色彩艳丽的玫红色则适于夏季服饰，深红色是秋天服饰的理想色。

红色是我国的吉祥色，所以在新春、结婚、祝寿等喜庆场合，人们都爱穿着大红色，以增添喜气。

② 红色系衣物的搭配。浅红色的长裤或裙子，上身可配以白色或米黄色的上衣，用深红的胸花别针来点缀上衣，可与下身的浅红色相呼应。

如果是浅红色的格子裙或花裙，可以和深红色的上衣、外套搭配，帽子可以配浅草黄色的，皮鞋和皮包以白色为主。

艳红色给人一种极为强烈的印象，可与白色上衣搭配。此外，艳红色的上衣也常与蓝色牛仔裤配合。大红色的外套大衣可与黑色长裤、长裙搭配，内搭上衣以白色为理想颜色。

③ 红色系衣物与妆容的搭配。穿着红色衣服时，脸部的底色最忌泛黄，所以可以用粉色调的粉底打底，散粉可选与粉底同色或比粉底稍淡的颜色。眉笔可用黑色，腮红可用玫瑰色，唇膏和指甲油则可用深玫瑰色。

脸色苍白的人，穿红色的衣服可以使气色看起来稍微红润一些，妆淡一些也无妨。而皮肤偏黑的人，化偏粉红一点的妆，才能与红色衣服看起来相称。

（2）黄色系

① 黄色的象征意义。黄色属于暖色系，象征温情、华贵、欢乐、热烈、跃动、任性、权威、活泼。深黄色为富贵色，浅黄色则为春季最理想的色彩之一，深浅适中的黄色适合夏季，较深的黄色，则符合秋季的氛围。

② 黄色系衣物的搭配。浅黄色的纱质衣服，很具有浪漫气氛，因此，不妨采用浅黄色作为晚礼服的颜色。

浅黄色上衣可与咖啡色裙子、裤子搭配，也可以在浅黄色的衣服上接上浅咖啡色的蕾丝花边，使衣服的轮廓更为明显。

因为浅黄色与白色两者色调太过接近，所以并不是很理想的搭配。与浅黄色容易产生冲突的颜色是粉红色，橘黄色与蓝色也是不适合的搭配，应该避免。

　　蓝色与绿色虽然同是冷色，但是切勿将深蓝与深绿互相搭配，即使浅绿也不适宜，所以蓝色的牛仔裤若与绿色上衣相配，就会不太好看。蓝色与紫蓝色倒可以互相配合穿着。另外，小碎花图案可以使这两种颜色的搭配更出效果。

　　深黄色较之咖啡色与浅黄色来说，是更为明亮醒目的颜色，所以不妨选带有深黄色图案的围巾，里面穿上白色 T 恤或衬衫。

　　③ 黄色系衣物与妆容的搭配。穿着黄色系服装时，粉底宜用粉红色系，散粉宜用粉底色或比粉底稍淡的同色系。眉笔宜用咖啡色，腮红宜用玫瑰红色，唇膏可用稍暗的珊瑚色，指甲油则用比唇膏稍浅的同色系。

　　（3）绿色系

　　① 绿色的象征意义。绿色象征自然、成长、清新、宁静、安全和希望，使人联想到自然界的植物，是一种娇艳的色彩。不过，绿色本身却很难与别的颜色相配合。

　　② 绿色系衣物的搭配。以非常流行的淡绿色来说，白色是较理想的搭配。如果穿绿色衣服，可以选用白色的皮包和皮鞋，银灰色的效果次之，其他颜色应尽量避免。

　　③ 绿色系衣物与妆容的搭配。穿着绿色系服装时，粉底宜用黄色系，散粉宜用粉底色或比粉底稍浅的同色系。眉笔宜用深咖啡色，腮红宜用橙色（偏黄的红色），唇膏及指甲油也宜以橙色为主。

　　（4）花色系

　　① 花色系衣物的搭配。在市面上，有不少印花布，我们可以依上面主要的颜色将之归为某一种颜色，然后再依照一般颜色来搭配。小碎花布料通常可以搭配同色系的素色布料，如粉红碎花布接粉红色的袖腕、裙摆等。而大花式的布料，最好不再用同色系的布料来配，而改用对比色或白色来配，才能平衡大花纹带来的视觉冲击感。另外，不论是什么样的花布，如果是两截式的服装，一定要注意其深浅搭配。若是上身色浅，则下身应该深；上身若深，下身就要浅。花色服装的接缝不宜太多，除非是要衔接素色的切边，否则应该尽量利用花布本身的图案作为点缀，剪裁以大方、简单为宜。

　　② 花色系衣物与妆容的搭配。面部轮廓不太分明的人穿着大花服装时，需注意用化妆来补救，在眉、眼、唇等重点处要加强个性特点。小碎花的服装，眼和唇部妆容应注意强调，才不会让花色独占优势。同样地，穿着条纹服装时，也要在化妆方面多注意，不过条纹对分散人们视觉注意力的作用不如其他花色大，所以妆容方面需注意的要点较少。

　　（5）不同色搭配

　　① 对比色搭配：指两个相隔较远的颜色相配，如黄色与紫红色，红色与蓝色，这种配色比较强烈。在进行服饰色彩搭配时应先衡量一下，应该突出哪个部分的衣饰。不要把沉闷色彩，如深褐色、深紫色与黑色搭配，这样会使整套服装没有重点，服装的整体表现也会显得沉重且暗淡无光。

　　② 互补色搭配：指两种相对的颜色的配合，如红色与绿色、蓝色与橙色、黑色与白色等。补色相配能形成鲜明的对比，有时会产生较好的效果，比如，黑白搭配是永远的经典。

（6）近似色搭配

近似色指两种比较接近的颜色，如红色与橙红色或紫红色，黄色与草绿色或橙黄色等。近似色搭配会产生和谐、整体的视觉感受，比如，绿色和嫩黄色搭配，整体非常素雅给人一种春天般的感觉。

低纯度色更容易与其他颜色相互协调，会给人和谐亲切之感。可以利用低纯度色彩易于搭配的优势，将有限的衣物搭配出丰富的组合。同时，低纯度色彩给人以谦逊、宽容、成熟的感受，在职场中借用这种色彩语言，更易受到他人的重视和信赖。

二、仪容化妆

仪容化妆是人体装饰艺术的组成部分，也是日常生活、交际礼仪中不可缺少的条件。仪容化妆包括头发的保养护理与修饰，皮肤的保养护理与化妆等内容，这里重点介绍女士面部化妆的基本知识。

化妆是通过化妆品及艺术描绘手法来达到装扮美化自己目的的一种手段。在社交场合，得体适度的化妆，既是自尊自信的表现，也是对他人的尊重的表现。

知识链接

小曼是某学校文秘专业的学生，毕业后在一家公司做文员。为适应工作需要，上班时，她毅然放弃了"彩色少女妆"，化起了整洁、漂亮、端庄的"白领丽人妆"：持妆的粉底液，修饰自然、稍带棱角的眉毛，与服装色系搭配的灰度偏高的浅色眼影，紧贴上睫毛根部描画的灰棕色眼线，黑色自然型睫毛，再加上自然的唇型和略显鲜亮的唇色，整个妆容清爽自然，尽显自信、成熟、干练的气质。但在公休假日，她又化起了久违的"彩色少女妆"：粉蓝、粉绿、粉红、粉黄等颜色的眼影，彩色系列的睫毛膏和眼线，粉红或粉橘的腮红，自然系的唇彩或唇油，看上去娇嫩可爱，鲜亮淡雅。化完妆的小曼整个身心都备感轻松。

心情好，自然工作效率就高。一年来，小曼以自己得体的外在形象、勤奋的工作态度和骄人的业绩，赢得了公司同事的好评。

1. 化妆基础知识

（1）化妆的基本步骤

①洗面；②拍收缩水（化妆水）；③擦面霜；④擦粉底；⑤第一次定妆；⑥画眉；⑦画眼影与眼线；⑧画鼻侧影；⑨涂腮红；⑩第二次定妆；⑪画眼睫毛；⑫涂口红。

化妆步骤的繁简根据场合而定，比如日常工作妆，可以省略掉第②、⑤、⑧、⑩步，甚至只用①、③、④、⑥、⑫几步化简略淡妆就可以。社交场合，淡妆比浓妆艳抹效果更好，更显人的修养和审美情趣。

（2）卸妆的方法和步骤

①用干净的卸妆棉擦去脸上的汗垢、油脂。

②用卸妆产品揉搓眉毛，再用卸妆棉擦去。

③用卸妆产品轻揉眼部，再用卸妆棉将睫毛液和眼影轻轻擦掉。

④用卸妆产品擦嘴唇，再用卸妆棉拭去口红。

⑤用卸妆产品边按摩边轻揉整个面部，使粉底浮起，再用卸妆棉擦去。

⑥ 用洗面奶以及温水将脸洗干净。

⑦ 用化妆水收缩毛孔，最后擦上面霜。

（3）化妆品的选择

化妆时，粉底、眼影、腮红、口红的颜色与人的皮肤、服饰的颜色协调，才能给人和谐的美感。选择粉底应考虑颜色和质感，最好选择质地较好的产品。粉底不是面具，应该使皮肤看上去透明光滑、有光泽、健康滋润，粉底颜色越接近肤色看上去越自然。冷白色肤色，使用象牙色粉底；乳黄色肤色使用偏黄色调粉底；棕色皮肤肤色暗，可使用有提亮肤色效果的粉底。眼影、腮红、口红的颜色应与服饰的颜色协调。灰色、白色、黑色服装适合大部分色系的妆容。

> **小贴士**
>
> 不同肤色皮肤选用粉底的方法。
>
> （1）黑棕肤色的修饰方法：粉底不要打成全白，而应选择与肤色接近或略深于皮肤、透明柔和的粉底。
>
> （2）暖黄肤色的修饰方法：切记"同类色并列起柔和作用"的色彩原理，要选择透明度好的暖色调粉底。
>
> （3）冷白肤色的修饰方法：可选用偏冷、偏白的粉红、粉白色系粉底。
>
> （4）橄榄色肤色的修饰方法：可选用带粉红色且透明度佳、光泽度好的粉底。

2. 肌肤日常护理

（1）肌肤的清洁

清洁面部可以去除新陈代谢产生的老化角质。洗脸时可以参考以下步骤与建议。

① 将洗面奶挤在手上揉搓起泡，泡沫需揉搓至奶油般细腻，泡沫越细越不会刺激肌肤，然后让无数泡沫在肌肤上移动以清理污垢。

② 从皮脂分泌较多的 T 字区（额头与鼻子）开始清洗。额头中心皮脂特别发达，要仔细清洗。手指不要过分用力，轻轻地由内朝外画圆圈滑动清洗。用指尖轻柔仔细地清洗皮脂分泌旺盛的鼻翼及鼻梁两侧，这一部分洗不干净将导致肌肤出现油光并脱妆。

③ 清洗鼻子下方及唇周。鼻子下方容易长青春痘，必须仔细洗净多余的皮脂。用无名指轻轻画轮廓，既不会刺激肌肤，又可完全去除污垢。唇部四周也要清洗。脸部是否洗净，重点在于有没有注意细小的部位，清洗唇周时以按摩手法从内朝外轻柔地画圆弧。

④ 清洗下巴。下巴和 T 字区一样，容易长青春痘及粉刺，也是洗脸时容易忽略的部位。清洗下巴时应由内朝外不断画圈，使污垢浮上肌肤表面。

⑤ 脸颊部位需要特别关照。清洗面颊的诀窍是，不要用指尖接触肌肤而是用指腹，使指腹的面积充分接触脸颊的肌肤，以起到按摩清洁的作用。洗脸的重要技巧在于不要太用力，以免给肌肤带来不必要的伤害。

> **小贴士**
>
> 保持乐观的情绪是最好的"润肤剂"。笑的时候，表情肌舒展活动，使面部皮肤新陈代谢加快，促进血液循环，增强皮肤弹性，起到美容作用。

⑥ 清洗时要记得洗到脖子、下巴底部、耳下等部位，这些部位的污垢要去除干净。

⑦ 冲洗时用流水充分地去除泡沫。冲洗次数要适量，在较冷的季节，需使用温水，以免毛孔紧闭而影响清洗效果。

⑧ 洗脸后用毛巾擦拭脸上水分时，不可用力揉搓，以免伤害肌肤。正确使用毛巾的方法是将毛巾轻贴在脸颊上，让毛巾自然吸干水分。

（2）肌肤的营养补充

洗脸去除污垢后，应该补充随污垢一起流失的水分、油脂、角质层内的天然保湿因子等物质。使肌肤恢复原来的状态，可使用化妆水和乳液等护肤品。化妆水的作用是补充水分，它的首要职责是补充洗脸时失去的水分，用充足的水分紧缩肌肤，使它变得柔软，这样才能使紧接其后的乳液容易渗入。

化妆水的使用方法如下。

① 将两片化妆棉重叠，倒入充足的化妆水，使水分浸透化妆棉。

② 两指各夹一片沾满化妆水的化妆棉，按在整个脸上，使肌肤有冰凉感。每半边脸用一片化妆棉。

③ 由脸部中心朝外侧浸染，浸湿易流汗的T字区及鼻翼，然后由下而上拍打整个脸部，直到肌肤感到凉爽为止。

④ 容易因水分不足而干燥的眼部周围和唇部要集中浸染，眼睛四周及唇部在白天也要记得用化妆水补充水分。

用化妆水充分补充洗脸所失去的水分后，再用乳液进一步补充养分，使肌肤完全恢复至原来的状态。乳液中含有水分、油分、保湿成分这三种肌肤必需的成分，而且这三种成分调配得十分均匀，是每日保养肌肤不可缺少的产品。使用乳液的主要目的是恢复肌肤的柔软，并为化妆做好准备。

乳液的使用方法如下。

① 先用手掌温热脸部，使毛孔张开，乳液能更好地浸透以增强滑润度。

② 将乳液点涂在脸上，然后按照由中央朝外、由下朝上的方向边画圆边涂抹均匀。

③ 轻柔地按摩眼睛四周的敏感部位。全脸都涂好后，用手掌裹住脸部，让乳液渗入并去除黏腻感。

小贴士

胡萝卜、香蕉、柑、橘、橙及动物肝脏等食物，含有大量的维生素A，具有润滑皮肤、防止皮肤粗糙的作用。

牛奶、鸡蛋、瘦肉、菠菜、豆类、谷物及海产品中的贝类等食物，含有丰富的维生素B，具有消除色斑，减少皱纹的作用。

绿色蔬菜、柠檬、苹果、葡萄等食物，含大量的维生素C，具有活血、淡化斑点、使肤色洁白的作用。

鱼类、蛋黄、花生、鱼肝油等食物，含维生素D，能够增强皮肤抵抗力。

黄豆、木耳、芝麻、花生、蜂王浆、卷心菜、甲鱼、萝卜等食物能增强细胞的活力，避免早衰。

（3）肌肤的特殊护理

夏天强烈的紫外线及户外与空调房的温差会使肌肤的生理机能下降，导致肤色暗沉、肌肤干燥。按摩是有效的肌肤保养方法，要使肌肤充分吸收化妆品，按摩也是最适合的手段。按摩最大的效果就是促进肌肤的新陈代谢，加强血液循环。

按摩的步骤如下。

① 将适量的按摩面霜取出。

② 先用手掌温热面霜，然后迅速点涂在额、两颊、鼻、下巴等部位。

③ 两手同时用中指及无名指从下巴朝脸颊处螺旋状画圈。

④ 两手同时用中指及无名指从额中心朝太阳穴螺旋状画圈。

⑤ 按摩鼻翼时力量强些，凹凸的细部仅用中指按摩即可。

⑥ 按摩鼻梁时，双手手指由鼻梁上端抚到鼻梁下端，鼻侧也用同样的方法。

⑦ 按摩眼部时，双手手指由上眼睑从眼端轻抚至太阳穴，下眼睑由眼端轻抚至眼尾。

⑧ 按摩脖子时，由锁骨朝下巴处轻抚。由于皱纹容易横向长出，所以按摩方法是往上轻抚。

（4）化妆品皮炎的处理方式

皮肤接触化妆品而发生的皮肤炎症反应，被称为化妆品皮炎。皮炎症状轻重不一，轻者出现潮红或丘疹，按上去微热；重者出现明显的红斑、水疱；严重者会出现红肿，部分皮肤甚至糜烂、浅溃疡，愈后留下色素或痘痕。由于一般化妆品中含有的成分对一些皮肤较敏感的人有刺激作用，一些长期使用化妆品的人便会患化妆品皮炎。染发剂中的对苯二胺、过氧化氢，唇膏、眼影、腮红中的香料，脱毛剂中的硫化物均可能引起皮炎。

一旦得了化妆品引起的皮炎，若面部有明显的红肿和流脓时，可先用清水冲洗干净，再涂抹或服用抗过敏药物，严重者应就医。为防止对化妆品产生过敏反应，可在使用化妆品前做皮肤敏感试验，即取少许化妆品涂在手部较柔嫩处或耳后，待两小时后观察涂抹处有无发红、发痒的现象。如产生了过敏反应，应换用其他化妆品，避免再次接触化妆品引起皮炎。

■ **知识链接** ■ -

广东某学校学生小孙对高档化妆品有着强烈的追求，在她每月的正常支出中，用于购买化妆品的支出几乎占了一半。小孙是同学们中最了解化妆品的人，每当有新品上市的时候，她总控制不住购买的冲动。化妆品买回家后小孙会率先试用一把，然后把自己的感受以最快的速度向外传播。然而，家里给的钱是个定数，买了化妆品，吃饭的钱相应就少了，于是小孙省吃俭用，尽可能把吃饭的消费降到最低点。

一项研究表明：美好容颜的养成，内在营养占80%，外在妆容仅占20%。饮食是健康与美容的根本，小孙的做法恰恰是舍本逐末。

3. 不同脸型的化妆技巧

化妆一方面要突出面部最美的部分，另一方面要掩盖或矫正面部不足的部分。经过化妆品修饰的美有两种：一种是趋于自然的美，另一种是艳丽的美。前者是通过恰当的淡妆来实现的，给人以大方、悦目、清新的感觉，最适合休闲或上班等场景；后者是通过浓妆来实现的，给人以视觉冲击力，适合晚宴、演出等特殊的社交场合。无论是淡妆还是浓妆，都要恰当使用化妆品，通过一定的艺术处理，才能达到美化形象的目的。

（1）鹅蛋脸脸型化妆。鹅蛋脸是公认的理想脸型，化妆时宜注意保持其自然形态，突出其可爱之处，不必通过化妆改变脸型。

①腮红。应涂在颊部颧骨的最高处，再向上、向外晕染开。

②唇膏。尽量按自然唇形涂抹。

③眉毛。可顺着眉骨的轮廓修成弧形，眉头应与内眼角齐，眉尾可稍长于外眼角。

正因为鹅蛋脸脸型是不需要太多修饰的，所以化妆时一定要突出脸部最动人、最美丽的部位，以免给人平平淡淡、毫无特点的印象。

（2）长脸脸型化妆。脸型偏长的人，在化妆时力求达到的效果应是缩短面部的长度以达到整体和谐。

①腮红。应注意离眼睛稍远些，在视觉上缩短面部。腮红可打在面中，向颧骨处晕染。

②粉底。若双颊下陷或者额部窄小，应在双颊和额部涂以浅色调的粉底，起到提亮的作用。

③眉毛。修整时应令眉毛成弧形，切不可过于棱角锋利。眉毛的位置不宜太高，眉毛尾部切忌高翘。

（3）圆脸脸型化妆。圆形脸给人可爱、玲珑之感，化妆时不需有过多的修饰。

①腮红。可从颧骨起始涂至面中，注意不能简单地在颧骨突出部位涂成圆形。

②唇膏。可将上嘴唇涂成浅浅的弓形，不能将嘴唇涂得过圆过小，以免增加脸部整体的钝感。

③修容。可用来在两颊制造阴影，使圆脸在视觉上变窄。选用暗色调修容，沿颧骨向下颌部涂抹并晕染，造成脸部亮度自颧骨以下逐步集中于鼻子、嘴唇、下巴附近部位的效果。

④眉毛。可修成自然的弧形，不可太平直或有棱角，也不可过于弯曲。

（4）方脸脸型化妆。方形脸的人以颧骨与下颌骨突出为特点，因而在化妆时，要设法加以掩蔽，增加面部柔和感。

①腮红。宜涂抹至与眼部平行的面中，切忌涂在颧骨最突出处。可抹在颧骨稍下处并向面中晕染。

②修容。可用暗色调修容在颧骨最宽处涂抹以造成阴影，弱化脸部棱角感。下颌部宜用大面积的暗色调修容造成阴影，以改变面部轮廓。

③唇膏。可在原有唇形的基础上涂丰满一些，增强柔和感。

④眉毛。眉毛应修得稍宽一些，眉形可稍带弯曲，不宜有棱角。

（5）菱形脸型化妆。菱形脸型的特点是额部较窄而面中较阔，整个脸部呈上下窄而中部宽的形状。化妆时应将宽角"削"去，把脸形变为椭圆状。

①粉底。可选浅色调粉底涂抹在额中，并向两侧晕染，在视觉上拉宽额头。

②修容。可用较深色调的修容在颧骨部位涂抹、修饰。

③眉毛。眉毛宜保持自然状态，不可太平直或太弯曲。

4. 夏季的化妆技巧

夏季宜用耐汗和不怕水的化妆品。

① 粉底。宜选用较清透的粉底，可用化妆刷搽涂。比较容易出汗的皮肤及油性皮肤还可扑上透明无色的定妆粉。

② 腮红。双颊宜用偏自然的粉色腮红搽涂。

③ 唇膏。宜用淡色如粉橘色、粉红色的唇膏或唇蜜。

④ 眉眼。可用蓝、绿、紫等彩色眼影与夏季服装的亮丽色彩呼应。上眼睑中央和下眼睑可用珠光色或饱和度高的彩色眼影，眼角宜用灰褐色。眼线的颜色宜选用与发色相近的自然色。眉毛宜保持自然形状。

5. 冬季的化妆技巧

冬季万物凋零，人们的衣着打扮也以暗色调为主，因而冬季的妆容不宜过于艳丽，应与衣着的颜色、风格一致。

① 粉底。宜选用自然色调的粉底，薄薄地涂上一层；在涂抹粉底前，宜选用有防止水分、油脂流失作用的润肤剂。

② 腮红。双颊可用明亮的玫瑰红、桃红色或自然的淡橘色、肉粉色腮红涂抹，前者可产生明艳感，后者则产生温柔感。

③ 唇膏。嘴唇可选用既有防干裂作用又有美化作用的稍暗色调的唇膏。

④ 眉眼。眼线用黑色较好，眉毛宜保持自然形状。

> **小贴士**
>
> ### 护肤品的基本用量标准
>
> · 面霜：每次 0.6 ~ 1 克。
> · 身体乳：每次 4 ~ 6 克。
> · 洗面奶：每次 2 ~ 4 克。
> · 化妆水：如果是直接倒在掌心上涂抹，每次为 1 毫升；如果是倒在化妆棉上涂抹，每次为 1.5 ~ 2 毫升。
> · 美容用的化妆品，比皮肤养护化妆品使用的次数少，如每天化妆的话，粉饼、口红、眼影等配套化妆品，一般可用半年。

6. 戴眼镜者的化妆技巧

经常戴眼镜的人，在化妆上应有别于不戴眼镜者。

① 腮红、口红、发型。腮红、口红的颜色应与镜框的颜色相搭配，深色镜框需配以较深色的口红。腮红应抹得低些，以免被眼镜遮住。发型应以简单为宜，额前的刘海不要太多、太长。

② 眉睫。应注意眼镜框的上边是否与眉形相配合，以上边线与眉平行为佳，切不可镜框下垂而眉形上扬。画眉毛的眉笔色调应与镜框的颜色尽量相配。应选用较明亮的眼影色及浓密一些的假睫毛或深色的睫毛膏。戴近视眼镜会使眼睛显得小些，应在上睫毛根部画上较深色的眼线。

7. 香水的正确使用方法

香水是女性常用的化妆品之一，也是居室中常备的物品。香水不仅能除臭、添香，还能刺激大脑、使人兴奋、消除疲劳。使用香水也有如下讲究。

① 最好将香水喷在手腕、颈部、耳后、臂弯、膝头等不完全暴露的部位，这样香味能随着脉搏跳动、肢体转动而散发。为避免香水对皮肤的刺激，可将香水喷在衣领、袖口处。千万不要将香水涂在面部，这样会加速面部皮肤老化。

② 不要在毛皮衣服上喷香水，因为香水的酒精成分会使毛皮失去光泽。如果将香水喷在浅色衣服上，日晒后会出现色斑，所以应尽量避免直接将香水喷在特殊材质的衣物或浅色衣物上。

③ 不可将香水喷在首饰上，应该先喷香水，等其完全干后，再戴项链之类的饰物，否则会影响饰物的颜色及光泽。

④ 香水不宜喷得太多、太集中，最好在离身体20厘米处喷。如果在3米以外还可以嗅到一个人身上的香水味，则表明其香水用得太多。

⑤ 用香水后不宜晒太阳，因阳光里的紫外线会使喷过香水的部位发生化学反应，严重时会引起皮肤红肿或刺痛，甚至诱发皮炎。

⑥ 不要将不同的香水混用，因为那样会使香水变味或无效。

⑦ 夏日出汗后不宜再用香水，否则汗味和香味混杂在一起，给人留下污浊、不清新的感觉。因此多脂多汗处忌喷香水，以免产生刺鼻的怪味。

⑧ 患有支气管哮喘或过敏性鼻炎的人，最好不要用浓香型香水。

知识点拨

案　例

学习财会的许某，工作几年后成为了财税专家。许某有很好的学历背景，能经常为客户提供很好的建议，在公司里的表现一直很出色。但当她到客户公司提供服务时，对方主管却不太看重她的建议，她所能发挥才能的机会也就不大了。

一位同事发现，许某在着装方面有明显的问题：她32岁，却喜爱着略显幼稚的少女装，导致其外表给人的印象与本身的工作能力相去甚远。同事提醒她改变着装风格，穿深色的套装，以对比色的上衣、丝巾、简约的帽子来搭配，许某照办了，结果，客户的态度有了较大的转变。很快，她成为公司的董事之一。

案例分析：

① "饮食可以随心所欲，穿衣却得考虑给他人的印象。"可见，着装是社交与商务活动的重要一环。着装是一个人最表面、最显而易见的特点。尽管内容重于形式，却也不可否认形式对内容的美化或损坏的作用，尤其当具体内容无法立刻让人仔细辨识之时，形式就变得尤为重要。

② 通过衣着给人树立一种干练、值得信赖的职业形象，是当代职业女性取得职业认同的第一步。本案例中的财税专家许某，作为一名财会人员，却穿不符合身份的少女装，这种装饰在工作中会给客户带来一种不成熟的感觉，所以不易得到客户的信任。在改变着装风格后，许某给客户带来的印象就有了很大的改变。

（1）着装的 TPO 原则有哪些注意事项？
（2）穿西装应遵循哪些原则？
（3）黄皮肤的人在服装色彩的搭配上应该注意哪些问题？
（4）我们为什么要注重仪容化妆？

第二课　言谈礼仪

至理名言

在造就一个有修养的人的教育中，有一种训练必不可少，那就是优美、高雅的谈吐。

——伊立特

【应知导航】

（1）做到讲话使人明白易懂，需要注意些什么。
（2）社交中的言谈禁忌。
（3）聆听的意义。

【知识探究】

说话和聆听是一对孪生姐妹，相辅相成。说话的同时既要听自己说的话有无不妥，同时也要听他人的反应如何，并通过他人的反应中来调整自己要说的话。在正式的交谈中，交谈的双方既是说话者又是聆听者，通过不断转换说话者与聆听者的角色来达到交谈的目的。

一、善于表达

语言是人类沟通思想、交流感情的工具，交谈则是人际交往最常用、最直接的方式，也是人们传递信息和情感、增进彼此友谊的重要手段。要想成为好的交流对象，必须掌握表达的艺术，即做到明白易懂、言谈幽默的同时也要注意交谈禁忌。

1. 表达要明白易懂

双方顺利交流，首先要保证对方能够正确理解自己所讲的内容。为此，就应当尽量使用对方容易听懂的词语进行表达。每个人从事的工作不同，经历、年龄不同，所了解的专业术语也不一样。要在考虑上述因素的基础上，斟酌用词。如果表达时不考虑对方的情况，就很有可能让对方听后觉得不知所云，因此，表达时需要注意以下几点。

① 专业术语对从事这一领域的人来讲是很容易的，但对行业外的人来讲就有些晦涩难

懂，所以在与行业外的人交流时，应当将专业术语换成通俗易懂的说法。

■ 知识链接 ■

有一个书生突然被蝎子蜇了，便对其妻子喊道："贤妻，速燃银烛，为夫为虫所袭！"他的妻子一时没听明白，这书生更着急了："身如琵琶，尾似钢锥，叫声贤妻，打个亮来，看看是什么东西！"其妻仍然没有领会他的意思。书生疼痛难熬，不得不大声吼道："快点灯，我被蝎子蜇了！"妻子这才明白了他的意思。

② 省略语、外语、外来语、新词汇等也都较难理解，在交流时对有些人需要进行补充说明。

③ 声音太小、太细就不易听清，所表达的内容也无法传达给对方。

发音若不清楚，对方容易听错；说话速度太快，对方的理解可能跟不上。应注意用平缓的语气、正常的语速交谈。

■ 知识链接 ■

我国老一辈的革命家陈毅早年留学法国时，常常口含茶水练习小舌音，在发音时，用舌头将茶水推到口腔的不同位置来加强小舌头的弹性，使它灵活起来在留学时，陈毅还博览群书，刻苦钻研，后来终于成为中外著名的外交家。勤学苦练是拥有一流口才的重要条件，只有不断地学习与练习，方能在交流时得心应手。

2. 表达要考虑场合和对方的身份

人际关系错综复杂，所以一定要注意表达的方式。在工作与生活中，人的身份多种多样，有客户、领导、老同事、新同事，以及年龄有差距的、关系密切的和疏远的等，再加上见面的场合也不同，所以绝不能无时无地、见什么人都像跟老朋友一样随意地表达。

正确的说话方式在维持良好的人际关系方面起着重要作用，因此一定要学会面对不同的场合与对象时正确地表达。

3. 幽默的表达技巧

幽默的言谈能给人快乐，可以使紧张的气氛变得轻松自然，使沉默寡言者变得健谈。总之，幽默是思想、爱心、智慧和灵感在语言运用中的结晶，也是一种良好修养的表现。

■ 知识链接 ■

一对夫妇带着7岁的儿子来到城里，打算租下一间房子长期生活。他们费了很大的功夫才找到了一个价位比较适合自己的房子。但是房子的主人（一个上了年纪的老人）却告诉了他们一个坏消息——他不打算将房子租给带着小孩子的人，大概是害怕小孩子会影响自己的休息。

正当这对夫妇垂头丧气地打算离开这里的时候，他们的儿子对那位老人说："老爷爷，您可以把这间房子租给我。因为我只有父母没有孩子。"房子主人听了不禁哈哈大笑，在夸奖小孩子机智幽默的同时，答应了这对夫妇租房子的请求。

幽默是一种缓冲剂，幽默的语言能使矛盾的双方摆脱困境，使窘迫在笑声中消逝。但在演绎幽默时，也得注意分、度的问题，即应考虑场合、对象、地点、时间等因素，要把握分寸，慎而用之。需要注意的是，千万不要拿他人的生理缺陷和短处作为话题，否则不但不能表现自己的风趣和幽默，甚至会显得轻浮与无礼。

4．表达的禁忌

（1）不要喋喋不休。喋喋不休者就像池塘里的青蛙，整日鸣叫却不为人注意，有时反而惹得他人心烦意乱。相反，雄鸡天亮时的一声啼叫，却一鸣惊人。一个人不可能句句金言，但可以做到使自己说话不让人感到厌烦。不必要的、重复的话是无聊的、乏味的，千万不要随己兴之所至而不顾他人的感受。如果感觉到对方有厌烦的情绪时，不妨试着换个新话题，以重新唤起对方的兴趣。

（2）不要尖酸刻薄。有些人喜欢专门针对他人的弱点讥讽一番，鸡蛋里挑骨头，缺乏一种与人为善的精神，显得尖酸刻薄。这种人往往树敌很多，久而久之，就会成为不受欢迎者。

■ 知识链接 ■

北京某酒店的一位问讯员，每天都要接到若干问讯电话。一次接到一位外商打来的长途电话，询问他夫人在该酒店所住的房间号，称有急事要找。问讯员几经翻阅登记簿，未见有其人，便如实相告。不料这位外商却态度粗鲁地对问讯员表示不满。问讯员感到十分委屈，但考虑到对方可能确有急事，为解宾客之所急，便采取了宽容态度，强忍委屈，继续查找。后来终于发现，原来那位外商的夫人是用另一个姓名登记的。当外商了解事情的原委后，又专门打电话给问讯员表示道歉，请求原谅。可以试想，如果当时问讯员对外商的无理之举穷追不放，那么也许是挽回了面子，心理上感到一些平衡，出了一口气，但却会使对方产生强烈的逆反心理，不但不会承认自己有错，而且无益于事情的圆满解决。问讯员的做法，维护了自身乃至整个酒店的良好形象。

（3）不要逢人便诉苦。诉苦的对象应该是家人或最亲密的朋友，而不应该是一般的社交对象。人人都喜欢听一些愉快有趣的事，而不是你的"苦经"。

（4）不要自以为是。真正有学问的人，总是谦虚有礼，而井底之蛙常常自高自大，自以为是。在社交场合，有些人说话时总是高谈阔论，以为自己无事不晓，无所不知，似乎自己永远正确，这种人往往很难被他人喜欢。

二、学会问候

1．良好的人际关系首先要从问候开始

（1）问候表达出对别人的重视。

早上见到熟人要说"早上好"。

向别人请教了问题后要说"谢谢，您真是帮了我的大忙"。

见到来访客人要说"欢迎"。

不小心撞到别人或做错了事要说"对不起"。

接受别人请客要说"承蒙您款待，谢谢"。

下班回家时，要对还在加班的人说"我先走了"。

> 打招呼有一个约定俗成的礼节习惯，即男性应先向女性打招呼，年轻男性首先向年长男性打招呼，年轻女性首先向年长女性和比自己年纪大得多的男性打招呼，下级先向上级打招呼。

（2）打招呼时要加上对方的名字。如果打招呼时加上对方的名字，说"××先生／女士，您好"，就等于向对方表明自己是在向对方打招呼，而且对方也有被尊重、被重视的感觉，收到的效果会特别好。

（3）最动听的问候。问候语多种多样，其中最美丽、最动听的就是"谢谢"。无论在哪个国家，只要用当地的语言说上一句"谢谢"，就能见到一张笑容满面的脸。

> 社交活动中常用的礼仪语言如下：
> 初次见面说"久仰"；好久不见说"久违"；
> 请人指导说"指教"；请人原谅说"包涵"；
> 请人帮忙说"劳驾"；求给方便说"借光"；
> 麻烦别人说"打扰"；向人祝贺说"恭喜"；
> 求人解答用"请问"；请人指点用"赐教"；
> 托人办事用"拜托"；赞人见解称"高见"；
> 看望别人用"拜访"；宾客来临说"光临"；
> 陪伴朋友用"奉陪"；中途先走用"失陪"；
> 等候客人用"恭候"；请人勿送用"留步"；
> 对方来信用"惠书"；询问老人年龄用"高寿"。
> 这些简单的问候语，在人际交往中发挥着重要的作用。

2. 回答的技巧

（1）回答时要考虑对方的感受。

别人说"早上好"，也要及时回应一声"早上好"。

别人说"谢谢"，要回应"不客气""不用谢"。

（2）回答时要看着对方。

如果你跟别人说话，对方却背对着你回答，你一定会觉得自己没有受到重视，因此，回答时一定要看着对方。

> 应答用语的3种形式：
> 肯定式应答语；
> 谦恭式应答语；
> 谅解式应答语。

（3）回答时答应一声非常重要。在单位里听到别人叫自己的名字，一定要先答应一声。如不能立刻过去，也要先答应一声，再说"请您稍等一下"。接电话时也应先答应一声，再说"是的，我是××公司的××"。养成立刻答应一声的习惯并掌握回答的礼仪非常重要。

3. 问候的注意事项

① 问候要讲究先后顺序。通常应遵循：年轻者先向年长者问候；男士先向女士问候；下级先向上级问候；学生先向老师问候。

② 向他人问候时，往往可以不同形式同时使用，如打招呼与微笑并用，起立与欠身并用。

③ 问候时应大方、文雅，一般不要在双方相距太远的地方高声叫喊来打招呼，以免打扰他人。

④ 向对方问候时，不应将双手插在裤袋里。

⑤ 如遇对方先向自己问候，应及时用恰当的方式回应，不可视而不见。

⑥ 问候的语言应有所讲究，不能不分场合、地点、时间就问别人"吃了没""上哪里去""干什么去"等。

三、善于聆听

聆听既是感性的行为又是理性的行为。聆听要求听清、理解并对听到的内容做出反应，要积极地把对方所讲的内容听进去。

1. 聆听的意义

聆听别人讲话不仅是出于礼貌，而且还有以下益处。

（1）能更好地了解人和事。人与人之间的交流只有少部分是通过书面进行的，大多数情况下是通过口头表达的。我们期待对方能聆听我们所说的话，这样他才会明白他需要做什么。

> **知识链接**
>
> 　　朱元璋府中有众多幕僚，他们在朱元璋的成功路上起着不可磨灭的作用。从鄱阳湖打败陈友谅，到平江消灭张士诚，再到大军北伐统一江山，朱元璋在做出大的决定之前，都会把他的幕僚招到身边，仔细聆听他们的看法，并向他们征求意见。而这一点，在朱元璋登基做了皇帝后表现得更为明显。他从做上皇帝的第一天起，就每天都安排一个固定的时间，在后花园邀请一些名人儒士，听他们讲解儒家学说、谈论治国之道，听他们献言献策。这种善于倾听、善于纳谏的日常规范，为朱元璋稳定江山、实现国家富强奠定了基础。

（2）能学到更多的东西。我们交谈不仅是为了表达我们的要求，还是为了探讨新的问题。我们对某件事情进行研究或探讨时，通常要征询别人的意见，而倾听别人讲话可以获取大量信息。

（3）能改善工作关系，提高工作效率。因为交流失误而导致行为的偏差，会直接影响双方的关系。要想让对方满意地说"他听了我的意见，满足了我的需求"，就必须认真倾听、仔细思考。

（4）能使紧张的关系得到缓和。倾听可以增进人们之间的相互关系，避免一些不必要的纠纷。被人误解是很令人沮丧的事情，把握好聆听的技巧，能够避免误解、与他人顺畅地沟通，从而建立良好的人际关系。

知识链接

　　《成功的人际关系》一书中记述了这样一件事情。一个有志于政坛的人士参加竞选被选上后，到一位法官家中寻求忠告。这位法官说了这样一段话："以同情和理解的心情倾听别人说的话，我认为，这是维持人际关系、维持友谊最有效的方法。不过，现在懂得利用这种'魔术'，使自己成为一个最佳听众的人，实在是少而又少了。"社会中的每个人，每时每刻均在接受或参与评价他人的价值。人们通过这种评价，决定是否与他人继续保持交往。可见，在社交活动中，说话和聆听是社交的两大法宝，说话不对，会失去朋友；同样，聆听有错，也会破坏友谊。在社交场合上应尽量全心全意地倾听他人所说的话。首先学会用心去交往，然后再用语言去交往。

2. 提高聆听效率

　　交流是由说者、听者和交流的主题这 3 个要素组成的。好的听者是交流顺利进行的保障。好的听者除了要在思想上做好接收信息的准备之外，还必须做到在交流中给说者以信心，让说者说下去并对所听内容进行及时反馈，以保证交流内容正确，提高聆听效率。

　　在聆听过程中，应注意以下几点。

　　（1）不要戴上"有色眼镜"。你的价值观念、信仰、理解方法、期望和推测都有可能成为妨碍你聆听对方讲话的"有色眼镜"。不要以自己的意志去判断对方，应该考虑如何理解和运用说者所提供的信息。说者所用的言辞以及性别、文化差异等都可能增加聆听的难度，他的非语言信号和语调也会成为影响交流的潜在因素。即便说者的表达缺乏条理，也要继续听下去，并尽量控制住自己的反应。此时，你的主要任务是领会说者的观点。

　　（2）偶尔的提问或提示可以厘清谈话内容，给说者以鼓励。厘清谈话内容的提问有以下几种。

　　"我没有听懂，您能否再讲具体一点？"

　　"还有哪些方面需要考虑呢？"

　　"您能详细说明一下您刚才所讲的是什么意思吗？"

　　请注意，这些问题都是为了要求对方提供信息而问的，而不是对说者所讲的内容进行评价。

　　（3）及时给予反馈。积极聆听的最后一个环节是用自己的语言讲述对说者所表达的思想与感情的理解，给说者以反馈，从而完成聆听的全过程，并告诉他，其信息已被听到并被理解了。不要只用耳朵听，还要用心听，耳朵听的同时，大脑要抓紧工作，勤于思考分析，以便能听出弦外之音。如对对方的谈话内容不甚了解，可以用复述的方法请对方核实、纠正，这样有助于对其所说的内容进行正确理解。

知识点拨

案　例

某校机械专业有22名应届毕业生，实习时跟随老师到某机械加工厂参观。全体学生坐在会议室里等待领导的到来，这时有位工作人员给大家倒水，同学们表情木然地看着她忙活，其中一个人还问了句："有绿茶吗？天太热了。"工作人员回答说："抱歉，刚刚倒完了。"而工作人员给林晖同学倒水时，他轻声说："谢谢，大热天的，辛苦了。"工作人员抬头看了他一眼，虽然这是很普通的客气话，却是她今天听到的唯一一句感谢的话。

门开了，领导走进来和大家打招呼，会议室里却静悄悄的，没有一个人回应。林晖同学左右看了看，犹犹豫豫地鼓了几下掌，同学们这才稀稀落落地跟着拍手，由于掌声不齐，越发显得杂乱。领导挥了挥手说："欢迎同学们到这里来参观。"领导看同学们好像都没有带笔记本，便请工作人员去拿一些部里印的纪念手册，送给同学们作纪念。接下来，更尴尬的事情发生了，大家都坐在原地，很随意地用一只手接过领导双手递过来的手册。领导来到林晖面前时，林晖礼貌地站起来，身体微倾，双手接过领导递过来的手册，恭敬地说了一声："谢谢您！"领导听闻此言，不觉眼前一亮，伸手拍了拍林晖同学的肩膀问："你叫什么名字？"林晖照实作答。领导微笑点头，回到了自己的座位上。老师看到此景，微微松了一口气。

两个月后，毕业分配表上，林晖的去向栏里赫然写着某机械加工厂。

案例分析：

① 良好的言谈礼仪能为自己的形象加分，而适时的感谢、温馨的问候又是良好的言谈礼仪的基本表现。炎热的夏天，林晖同学的那两声道谢反映了他良好的言谈修养，也让人感觉到了他的细心体贴。

② 良好的举止礼仪同样非常重要。林晖同学在工厂参观的过程中，活跃气氛的鼓掌以及良好的站姿和坐姿也为其加了不少分。

③ 修养是第一课，而学习礼仪，运用礼仪，有助于提高个人的修养，有助于"用高尚的精神塑造人"，真正提高个人的文明程度。

■ 学以致用 ■

（1）幽默的谈话技巧在社交中有哪些作用？

（2）日常生活中，我们常用到的问候语有哪些？

（3）回答别人的问候时，有哪些需要注意的地方？

（4）我们为什么要学会聆听？

第三课　举止礼仪

至理名言

举止是映照每个人自身形象的镜子。

——歌德《亲和力》

【应知导航】

（1）动作礼仪包括的内容。
（2）手姿的定义、分类和要求。
（3）微笑的要领。

【知识探究】

日常生活礼仪对人的要求和约束可谓面面俱到，礼仪使我们的生活充满温馨和愉悦。当然，我们不希望在日常生活中成为无所适从、谨小慎微的人，但是我们更不希望成为粗枝大叶、不修边幅的人。

一、动作礼仪

1. 手姿

古罗马政治家西塞罗说过："一切心理活动都伴随有指手画脚等动作，手势恰如人体的一种语言。"法国画家德拉克洛瓦则指出："手应当像脸一样富有表情。"他们从不同方面指出了手姿的重要性。

（1）手姿的定义

手姿，又叫手势。由于手是人体最灵活自如的部位之一，所以手姿是非常丰富且富有表现力的一种体态语言。恰当地运用手姿，能够起到良好的沟通作用，也会使自己更具魅力、更有风度。手姿实际所指的，就是人的两只手及手臂所做的动作。其中，双手的动作是核心所在，它既可以是静态的，也可以是动态的。

一般而言，手姿由进行速度、活动范围和空间轨迹3个部分构成。在人际交往中，手姿主要被用以表示形象和传达感情。

（2）手姿的分类

学习手姿，最重要的是要正确掌握和运用下述基本手姿。

①垂放手姿。垂放是最基本的手姿，多用于站立时。

做法：一是双手自然下垂，掌心向内，叠放或相握于腹前；二是双手伸直下垂，掌心向内，分别贴放于大腿两侧。

②背手手姿。多见于站立、行走时，既可以显示权威，也可以镇定自己。

做法：双臂伸到身后，双手相握，同时昂首挺胸。

③ 持物手姿。即用手拿东西，其做法多样，既可以用一只手，又可以用双手。

做法：拿东西时应动作自然，五指并拢，用力均匀。

④ 鼓掌手姿。是用以表示欢迎、祝贺、支持的一种手姿，多用于会议、演出、比赛或迎候嘉宾等场合。

做法：右手掌心与左手掌心相对，有节奏地拍击，必要时，应起身站立。

⑤ 夸奖手姿。主要用以表扬他人。

做法：伸出右拳，跷起拇指，指尖向上，指腹面向被称赞的人。

⑥ 指示手姿。用以引导宾客、指示方向的手姿。

做法：将右手或左手抬至一定的高度，五指并拢，掌心向上，以其肘部为轴，朝一定方向伸出手臂。

（3）运用手姿的原则

在运用手姿时要注意几个原则。

① 适度。手姿首先要简约明快，不可繁多，以免喧宾夺主；其次要适度，动作幅度大小适度、力度大小适度、速度快慢适度、时间长短适度。手姿要优雅自然，规范标准，过于拘谨生硬会显得缺乏自信，有损交际者的形象。

② 适时。手姿要与其他表达协调，即手姿与情感协调、与语言协调、与全身动作协调。

③ 适人。手姿要因人而异，突出个性，不可能要求每个人都做相同的手姿动作。

知识链接

甲、乙、丙3家公司被通知来××公司进行项目竞标。这个标的金额数目很大，更重要的是××公司在业内拥有举足轻重的地位，如果能够拿下这个项目，其战略意义不言而喻。

3家公司都做了精心的准备。因为在这场角逐中，必须打败其他两家对手。但无论从哪方面来说，3家公司都不相上下，看不出谁是赢家。

第二天，丙公司被通知他们中标了。高兴之余，丙公司问为什么选择了他们。"说实话，我们确实不好选择。"××公司市场部经理笑着说，"不过，在各自陈述的时候，你们称呼我们公司总经理时，叫出了他的姓氏和职务，并且伸开手掌做了指示动作。另外两家公司却叫不出姓名，还用一个手指直接指着我们总经理。试想，我们怎么能选用一家连对我们的总经理都不尊重的公司合作呢？"

（4）常见的手姿

① "OK"手姿。拇指和食指合成一个圆圈，其余3个手指自然伸张。这种手姿在西方某些国家比较常见，但要注意在不同的国家其含义有所不同。

② 伸大拇指手姿。伸出大拇指这一动作基本上是拇指向上表示夸奖或赞许，向下表示蔑视等不好之意。

③ "V"字形手姿。伸出食指和中指，掌心向外，这个手姿主要表示胜利，也可以表示数字"2"。

④ 伸食指手姿。表示数字"1"。在使用这一手姿时，一定注意不要用手指指人，更不能在面对面的时候用手指着对方的面部或鼻子，这是一种不礼貌的动作，且容易激怒对方。

2. 站姿

在人际交往中，站立姿势乃是任何一个人的全部仪态的根本点。"站如松"是说人的站立姿势要像松树一样端直挺拔。良好的站姿能表现一种静态美，是培养优美仪态的起点，也是发展不同质感动态美的起点和基础。正确健美的站姿会给人以挺拔笔直、舒展大方、精力充沛、积极向上的印象。

（1）站姿的定义

站立的姿势，被称为站姿或立姿，它是指人在停止行动之后，直着自己的身体，双脚着地，或者踏在其他物体之上的姿势。站姿是人们平时所采用的一种静态的身体姿态，同时又是其他动态的身体动作的基础和起点。良好的站姿的特点是端正、挺拔、舒展、俊美。

（2）站姿的基本要领

两脚跟相靠，脚尖分开45°～60°，身体重心放在两脚上；两腿并拢立直，腰背挺直，挺胸收腹；头微抬起，脖颈放松，双目向前平视；嘴唇微闭，面带微笑，微收下颌。

公关礼仪人员在工作过程中站立时要注意：端正直立，不要无精打采、耸肩驼背、东倒西歪，不要倚靠在墙上或椅子上。在正式场合，不要将手插在裤袋里或交叉在胸前。

一般的礼仪工作都是站立服务，要求站姿必须合乎规范。优美的站姿既能体现出礼仪人员自身的素质，又能反映出其服务水平。

> **小贴士**
>
> 优雅高贵的举止或动作的基本在于姿势。学会优雅的站姿更是成为合格公关礼仪人员的第一步，一定要站出素质，站出魅力。

（3）站姿的分类

无论何种职业，常用的站姿有5种。

① 肃立站姿。

要领：两脚并拢，两膝绷直并严，挺胸抬头，收腹立腰，双臂自然下垂，下颌微收，双目平视。

② 体前交叉式站姿。

要领：男性左脚向左横迈一小步，两腿分开，两脚尖与脚跟的距离相等，两脚之间距离小于肩宽为宜，双手在腹前交叉，右手大拇指与四指分开搭在左手腕部，身体重心放在两脚上，腰背挺直，注意不要挺腹或后仰。

女性站成右丁字步，即两脚尖稍稍张开，右脚在前，将右脚跟靠于左脚内侧偏前端，腿绷直并严，腰背立直，两手在腹前交叉，右手握左手的手指部分，使左手四指不外露，左右手大拇指内收在手心处。

③ 体后交叉式站姿。

要领：两脚跟并拢，两脚尖张开60°左右，腿绷直，腰背直立，两手在身后交叉，右手握住左手腕部，两手心向上收。

④ 体后单背式站姿。

要领：站成左丁字步，即左脚跟靠于右脚内侧中间位置，使两脚尖张开呈90°，身体重心放在两脚上，左手背在身后并半握拳，右手自然下垂。

另外，也可站成右丁字步，即右脚跟靠于左脚内侧中间位置，使两脚尖张开呈90°，右手背在身后并半握拳，左手自然下垂。

小贴士

站姿的要领：一是平，即头平正、双肩平、双眼平视；二是直，即腰直、腿直，后脑勺、背、臀、脚后跟成一条直线；三是高，即重心上拔，看起来显得高。

⑤ 体前单屈臂式站姿。

要领：右脚内侧贴于左脚跟处，两脚尖张开90°（呈丁字步），左手臂自然下垂，右臂肘关节屈，右前臂抬至中腹部，右手心向里，手指自然弯曲。

另外，也可以左脚内侧贴于右脚跟处，两脚尖张开90°（呈丁字步），右手臂自然下垂，左臂肘关节屈，左前臂抬至中腹部，左手心向里，手指自然弯曲，重心放在两脚上。

（4）站姿的要求

在学会了基本的站姿之后，在站立时，男性要注意表现出刚健、潇洒、英武、挺拔的风采，要力求给人一种"劲"的壮美感。女性则要注意表现出轻盈、大方、庄重、典雅的韵味，要努力给人一种"静"的优美感。在与人交往时，要特别注意在站立时正面面对交往对象，切不可将自己的背部对着对方。

在日常生活的某些场合，常常有人站着时手足无措，双手不知放在何处才好。其实，站姿可以随着场合进行调整。同别人站着交谈时，如果双手空着，则可在体后交叉，右手放在左手上；若身上背着包，可利用包摆出优雅的站姿；向长辈、朋友、同事问候或做介绍时，不论握手或鞠躬，双腿应当直立，双脚相距10厘米左右，膝盖要挺直；等车或等人时，两足的位置可一前一后，脚尖张开保持45°角，肌肉自然放松，并保持身体的挺直。

（5）不同场合的站姿

① 仪式。在升国旗、奏国歌、接受奖品、接受接见、致悼词等庄严的仪式场合，应采取严格的标准站姿，而且神情要严肃。

② 演讲。在发表演讲、进行新闻发言、做报告宣讲时，为了减少身体对腿的压力，减轻由于较长时间站立而造成的双腿乏力，可以用双手支撑在讲台上，使两腿轮流放松。

③ 主持。主持文艺活动、联欢会时，可以将双腿并拢站立，女士可站成"丁"字步，让站立姿势更加优美。站"丁"字步时，需要注意腰背挺直，挺胸收腹，双腿合拢，展现出女性魅力。

④ 服务。门迎、侍应人员往往站立时间很长，双腿可以分开站立，双脚距离不宜超过肩。双手可以交叉或紧握垂放于腹前，也可以背后交叉，右手放到左手的掌心上，但要注意收腹。

礼仪小姐的站立，要比门迎、侍应更趋于艺术化，一般可采取立正的姿势或"丁"字步。如双手执物品时，上手臂应靠近身体两侧，但不必夹紧，下颌微收，面含微笑，给人以优美亲切的感觉。

总之，站立的姿势应该是自然、轻松、优美的，不论站立时摆何种姿势，一般只有脚的姿势及角度和手的位置在变，但身体一定要保持挺直。

3. 坐姿

坐姿是体态美的主要内容之一。对坐姿的要求是"坐如钟"，即坐相要像座钟那样端正稳重。端正优美的坐姿，会给人以文雅稳重、自然大方的美感。

小贴士

《幼仪杂箴》规定："维坐容，背欲直，貌端庄，手拱臆。仰为骄，俯为戚。"意思是，坐的姿态，背要直，容貌要端庄，手放在胸前。仰坐有骄傲之情，前倾有悲伤之状。

（1）坐姿的定义

坐的姿势，一般被称为坐姿，即人在就座以后身体所保持的一种姿势。具体的定义是：人们将自己的臀部置于椅子、凳子、沙发或其他物体之上，以支持自己的身体重量，双脚则需放在地上。坐的姿势，从根本上看，应当算是一种静态的姿势。坐姿的要求是：安详、雅致、大方、得体。

（2）坐姿的基本要领

入座时走到座位前，转身后把右脚向后撤半步，轻稳坐下，然后把右脚与左脚并齐。坐在椅子上，上身自然挺直，头正，表情自然亲切，目光柔和平视，嘴微闭，两肩平正放松，两臂自然弯曲放在膝上，也可以放在椅子或沙发扶手上，掌心向下，两脚平落地面。起立时右脚先往后收半步然后站起。

一般来说，在正式社交场合，要求男性在坐下时两腿之间可留一拳的距离，女性在坐下时两腿并拢无空隙。入座后应两腿自然弯曲，两脚平落地面，不宜前伸。在日常交往场合，男性入座后可以跷腿，但不可跷得过高或抖动；女性入座后大腿并拢，小腿交叉，但不宜向前伸直。如女性着裙装，应养成在就座前从后面抚顺裙装再坐下的习惯。不同的场合和不同的座位，坐的位置可前可后，但上身一定要保持挺直。

（3）坐姿的分类

最常用的坐姿有如下 8 种。

① 正襟危坐式：其被称为最基本的坐姿，适用于最正规的场合。

要领：上身与大腿、大腿与小腿呈直角，小腿垂直于地面，双膝双脚完全并拢。

② 垂腿开膝式：多为男性使用，也较为正规。

要领：上身与大腿、大腿与小腿呈直角，小腿垂直于地面。双膝分开，但不得超过肩宽。

③ 双腿叠放式：适合穿短裙子的女士使用（或处于正式场合的使用）。此坐姿造型极为优雅，给人一种大方高贵之感。

要领：将双腿一上一下交叠在一起，交叠后的两腿之间没有任何缝隙，犹如一条直线。双腿斜放于左侧或右侧，斜放后的腿部与地面呈 45°。

④ 双腿斜放式：适用于穿裙子的女性在较低处就座使用。

要领：双膝先并拢，然后双脚向左或向右斜放，力求使斜放后的腿部与地面呈 45°。

⑤ 双脚交叉式：它适用于各种场合，男女皆可使用。

要领：双膝先并拢，然后双脚在踝部交叉。交叉后的双脚可以内收，也可以斜放，但不宜向前方直伸出去。

⑥ 双脚内收式：适合在一般场合使用，男女皆宜。

要领：两大腿首先并拢，双膝略打开，两条小腿分开后向后收。

⑦ 前伸后屈式：这是适用于女性的一种优美的坐姿。

要领：大腿并拢后，向前伸出一条腿，并将另一条腿后屈，两脚脚掌着地，双脚前后要保持在同一条直线上。

⑧ 大腿叠放式：多适合男性在非正式场合使用。

要领：两条腿在大腿部分叠放在一起。叠放之后位于下方的一条腿垂直于地面，脚掌着地。位于上方的另一条腿的小腿则向内收，同时脚尖自然朝下。

（4）不同场合的坐姿

① 正式场合。谈判和会谈的场合一般比较严肃，适合正襟危坐，但不要过于僵硬。要求上身挺直，端坐于椅子中部，注意不要使全身的重量只落于臀部，双手放在桌上、腿上均可。双脚为标准坐姿的摆放。

② 非正式场合。在比较轻松、随意的非正式场合，可以坐得轻松、自然一些。全身肌肉可以适当放松，可不时变换坐姿，以便休息。

③ 其他场合。倾听他人教导、指点时，因为对方是长者、尊者，坐姿除了要端正外，还应坐在座椅、沙发的前半部或边缘，身体稍向前倾，表现出一种谦虚、迎合、重视对方的态度。

（5）坐姿的要求

为使坐姿更加正确优美，应该注意：入座要轻柔和缓，起立要端庄稳重，不可弄得座椅乱响；就座时不可以扭扭歪歪，两腿过于叉开；不可以高跷起二郎腿，若跷腿，悬空的脚尖应朝下，切忌脚尖朝天；坐下后不要随意挪动椅子，更不要腿脚不停地抖动；女士着裙装入座时，应用手将裙装稍稍拢一下，不要坐下后再站起来整理；正式场合与人会面时，不要一开始就靠在椅背上；就座时，一般应只坐满椅子的2/3，不可坐满椅子，也不要坐在椅子边缘过分前倾；沙发椅的座位较深，坐下时不要太靠椅背。

4. 行姿

对行姿的要求虽不一定非要做到古人所说的"行如风"，但至少也要做到不慌不忙，稳重大方。当然，不同情况对行姿的要求是不同的。一般来说，标准的行走姿势，要以端正的站立姿态为基础。

小贴士

"矩步引领，俯仰廊庙，束代矜庄，徘徊瞻眺。"（《千字文》），意思是，心地坦然，方可以昂首迈步，一举一动都像在神圣的庙堂一样庄重。穿戴庄重整齐，行走时从容地高瞻远望。

（1）行姿的定义。行姿，指的是一个人在行走之时所采取的具体姿势。在很多时候，行姿又称走姿，它以人的站姿为基础，实际上属于站姿的延续动作。与其他姿势所不同的是，行姿自始至终都处于动态之中，它体现的是人的运动之美和精神风貌。

一般来说，标准的行走姿势，要以端正的站立姿态为基础。女性的行姿特点是轻松、敏捷、健美。男性的行姿特点是稳健、庄重、刚毅。

（2）行姿的基本要领。双目向前平视，面带微笑，微收下颌。上身挺直，头正，挺胸收腹，重心稍前倾。手臂放松下垂，手指自然弯曲，摆手臂时要以肩关节为轴，上臂带动前臂，手臂要摆直线，肘关节略屈，前臂不要向上甩动，向后摆动时，手臂外开不超过30°，前后摆的幅度为30～40厘米。

走路时姿势美不美，是由步度和步位决定的。步度是指行走时两腿之间的距离。步度的一般标准是·一脚踩出落地后，脚跟离未踩出一脚脚尖的距离恰好等于自己的脚长。身高1.75米以上的人的步度约是1.5个脚长。步位是指脚下落到地上时的位置。走路时最好的步位是两只脚所踩的是一条直线而不是两条平行线。

走路应用腰力，要有韵律感。如果走路时腰部松懈，会让人感觉不精神、不美观；如果拖着脚走路，更显得没有朝气，十分难看。优雅的步姿有几句口诀："以胸领动肩轴摆，提髋提膝小腿迈，跟落掌接趾推送，双眼平视背放松。"走路的美感产生于下肢的频繁运动与上身稳定之间所形成的和谐对比，以及身体的平衡对称。走路还要做到出步和落地时脚尖都正对前方，抬头挺胸，迈步向前。

（3）行姿的分类。常见的行姿有以下几种：一字步、随意步、舞台步、旗袍步、时装步、体操步等。在礼仪工作中常见的行姿是一字步。

要领：行走时两脚内侧在一条直线上，两膝内侧相碰，收腰提臀，挺胸收腹，肩外展，头正颈直，微收下颌。速度为每分钟125～130步。每一步的步度标准为自己一脚长或1.5个脚长。

（4）不同场合的行姿。在不同的场合只有采取不同的行姿，才不会有失礼之处。《尔雅·释宫》中写道："室中谓之时，堂上谓之行，堂下谓之步，门外谓之趋，中庭谓之走，大路谓之奔。"具体场合的走姿表现如下。

参加喜庆活动，步态应轻盈、欢快，有跳跃感，以反映喜悦的心情；参加吊丧活动，步态要缓慢、沉重，有忧伤感，以反映悲伤的情绪；参加展览、探望病人时，环境安静，不宜出声响，脚步应轻柔；进入办公场所、登门拜访时，脚步应轻而稳；步入会场、走向话筒、迎向宾客，步伐要稳健、大方，充满热情；举行婚礼、迎接外宾等重大正式场合，脚步要稳健，节奏稍缓；办事联络，往来于各部门之间，步伐要快捷而沉稳，以体现办事者的效率与干练；陪同来宾参观，要照顾来宾行走速度，并善于引路。

（5）行姿的要求。行走时最忌步态不雅，不要走成内八字或外八字；不要弯腰驼背、歪肩晃膀；不要步子太大或太碎，更不能奔来跑去；不要大甩手、扭腰摆臂、左顾右盼；不要双腿过于弯曲，走路不成直线；不要脚蹭地面，走路过于拖沓；不要横冲直撞，行进中一定要目中有人，尽量少在人群中穿行；不要双手插裤兜；不要阻挡道路，多人一起行走时不要排成横队。

5. 蹲姿

在正式场合中，蹲姿是取放物品、捡拾落在地上的物品或合影位于前排时不得已而为之的动作。对一位具有礼仪修养的人士而言，随意弯腰蹲下的姿势是不合礼仪的。

（1）蹲姿的基本要领

首先，下蹲时，上身挺直，两腿合力支撑身体，避免滑倒；其次，下蹲时，应使头、胸、背部挺直，使蹲姿优美；最后，女士无论采取哪种蹲姿，都应屈膝并腿，将腿靠紧，臀部向下。

（2）蹲姿的分类

① 交叉式蹲姿。在现实生活中常常会用到的蹲姿，如集体合影前排需要蹲下时，女士可采用交叉式蹲姿，下蹲时右脚在前，左脚在后，右小腿垂直于地面，全脚着地；左膝由

后顶住右膝膝窝，左脚跟抬起，前脚掌着地；两腿靠紧，合力支撑身体；臀部向下，上身稍前倾。

② 高低式蹲姿。蹲时右脚在前，左脚稍后，两腿靠紧向下蹲；右脚全脚着地，小腿基本垂直于地面，左脚脚跟提起，前脚掌着地；左膝低于右膝，左膝内侧靠于右小腿内侧，形成右膝高左膝低的姿态，臀部向下，基本上以左腿支撑身体。

（3）蹲姿的要求。弯腰捡拾物品时，两腿叉开，臀部向后撅起，是不雅观的姿态。两腿展开平衡下蹲的姿态也不优雅。下蹲时应注意内衣"不可以露，不可以透"。

蹲姿 3 要点：迅速、美观、大方。若用右手捡东西，可以先走到物品的左边，右脚向后退半步再蹲下来。脊背保持挺直，臀部一定要蹲下来，避免弯腰翘臀的姿势。男士两腿间可留有适当的缝隙，女士则要两腿并紧，穿旗袍或短裙时需更加留意，以免尴尬。

二、表情神态礼仪

表情神态，泛指一个人面部所呈现出来的具体形态。所谓表情，指的是人通过面部的形态所表达的内心的思想感情。所谓神态，则是指在人的面部所表现出来的神情态度。在一般情况下，二者往往是通用的，它们所指的实际上主要都是人在脸部所表现出来的态度变化。

> **小贴士**
>
> 现代心理学家总结了一个公式：感情的表达＝言语（7%）＋声音（38%）＋表情（55%）。可见表情在人与人之间的沟通与情感表达中占有相当重要的位置。

据专家研究分析，在交往中，表情在对方心中的印象是十分深刻的，它属于给人的第一印象。一个人给人留下的各种印象中，不同的印象所占的百分比是：视觉印象占75%，包括表情、态度；谈吐印象占19%，包括谈吐、敬语使用、文化教养等；嗅觉印象占3%；触觉印象占3%，包括柔度、温度的综合性感觉。积极的表情留给人们的印象是深刻的，它是优雅风度的重要组成部分。

表情礼仪主要探讨的是目光、笑容两方面的问题，总的要求是：要理解表情、把握表情，在社交场合要努力使自己的表情热情、友好、轻松、自然。

1. 目光

眼睛是心灵之窗，它能在一定程度上反映出人的喜怒哀乐。在与陌生人交往时，不敢注视对方，或死盯住对方，都是不礼貌的。良好的交际目光应是坦然、亲切、和蔼、有神的，做到这一点的要领是：放松精神，把自己的目光放虚一些，不要聚焦在对方脸上的某个部位，而是好像在用自己的目光笼罩住对方整个人。

> **小贴士**
>
> 运用目光的要求：注视的部位合适；注视的角度合适；兼顾多方因素。

在整个交谈过程中，目光接触对方脸部的时间占全部谈话时间的30%～60%，超过这一数值，可认为对谈话者本人比对谈话内容更感兴趣；低于这一值数，则表示对谈话内容和谈话者本人都不怎么感兴趣。不难想象，如果谈话时心不在焉、东张西望，或者由于紧张、羞怯不敢正视对方，目光注视对方的时间不到谈话时间的 1/3，这样的谈话必然难以被人接受和信任。当然，还必须考虑到文化的差异，如南欧人注视对方会被认为是对对方占有空间或势力范围的侵犯。

目光是富有表现力的一种"体态语"，适当地运用能给交往带来不错的效果，反之则会带来误解。斜视、瞟视、瞥视的眼神尽量不用。泰戈尔曾说过："一旦学会了眼睛的语言，表情的变化将是无穷无尽的。"

2. 笑容

（1）笑容的概述。笑容，指的是人的含笑的面容，也指人在含笑时的神情，有时，人们也称笑容为笑貌或笑脸。

笑有多种，常见的有微笑、欢笑、大笑、狂笑、苦笑、奸笑、傻笑、冷笑等。微笑是社交场合中最富有吸引力、最有价值的面部表情，客观表现着人际关系中友善、诚信、谦恭、和蔼、融洽等最为美好的感情因素。恰当地运用微笑，可以起到传递情感、沟通心灵、征服对方的积极心理效应。微笑是自信的象征，是礼貌的表示，是心理健康的标志。

某酒店的事业一向兴旺发达，秘诀就在于它一向要求全体从业人员微笑服务。有鉴于此，在许多国家的服务行业中，在对从业人员进行岗前培训时，微笑便被列为重要的培训科目之一。

知识链接

一家酒店的一位住店客人外出后，有一位朋友来找他，要求进他房间等候。但由于客人事先没有留下话，总台服务员没有答应其朋友的要求。客人回来后十分不悦，跑到总台与服务员争执起来。公关部年轻的王小姐闻讯赶来，刚要开口解释，怒气正盛的客人就指着她鼻子尖，言辞激烈地指责起来。王小姐心里很清楚，在这种情况下，做任何解释都是毫无意义的，反而会使客人情绪更加激动。于是她默默无言地看着客人，让他尽情地发泄，脸上则始终保持一种友好的微笑。一直等到客人平静下来，王小姐才心平气和地告诉他酒店的有关规定，并表示歉意。客人接受了王小姐的解释。后来这位客人离店前还专门找到王小姐辞行，他激动地说："你的微笑征服了我，希望我再来酒店时能有幸再次见到你的微笑。"

科学研究发现，笑是一种化学刺激反应，它能激发人体各个器官的活动，尤其是激发头脑和内分泌系统活动。

（2）微笑的要点。正确地运用好微笑需要做到以下几点。

① 掌握微笑的要领。微笑的主要特征是：面含笑意，但笑容不甚显著。一般情况之下，人在微笑时是不闻其笑声，不见其牙齿的。

微笑的基本方法是：首先要放松自己的面部肌肉；然后使自己的嘴角微微向上翘起，让嘴唇略呈弧形；最后在不牵动鼻子、不发出笑声、不露出牙齿尤其是不露出牙龈的前提下，微微一笑。

② 注意整体配合。微笑其实也是人的面部各部位的综合表现，应重视其整体的协调配合。通常，当一个人在微笑时，应当目光柔和发亮，双眼略微眯大，眉头自然舒展，眉毛

微微向上扬起，还应避免耸动自己的鼻子与耳朵。

③力求表里如一。真正的微笑，具有丰富而有力度的内涵，它应当渗透着一定的情感，这样才真正具有感染力。这就是所谓笑中有情，以笑传情。

知识链接

飞机起飞前，一位乘客请求空姐给他倒一杯水吃药。空姐答应他在飞机平稳飞行后，立即把水送给他。20分钟后，飞机早已进入平稳飞行状态，但是由于太忙碌，空姐忘记了给那位乘客倒水。果然，乘客服务铃急促地响起来，正是先前那位要水的乘客。空姐小心翼翼地将水送到那位乘客面前，面带微笑地说："先生，由于我的工作失误延误了您吃药的时间，我向您道歉。"

"有你这样服务的吗？我要投诉你！"这位乘客非常生气。

在接下来的飞行途中，为了补偿自己的过失，空姐在经过客舱时，都会特意在那位乘客身边停下来，面带微笑地询问他需要什么服务。

在飞机快要降落时，那位乘客要求空姐将留言簿给他送过去，他似乎还没有原谅空姐。但是，空姐二话没说便把留言簿递到他的面前，依旧面带微笑地说："先生，请允许我再次向您表示真诚的歉意，无论您提出什么意见，我都将欣然接受。"

那位乘客犹豫了一下，在本子上写了一段话。

等所有乘客都离开飞机后，空姐打开了留言簿，她想看看那位乘客对自己的评语。然而，令她吃惊的是，乘客在留言簿上写的根本不是什么投诉的内容，而是表扬的内容。留言簿中写道："在整个飞行过程中，你表现出的真诚歉意，特别是你的12次微笑，深深地打动了我，使我最终改变主意。没有谁不会犯错误，但正是因为你在犯错误后的优良表现让我看到了自己的自私和偏执。你是优秀的，我应该向你学习。"

真正的微笑，还体现着一个人内心深处的真、善、美。只有表现自己心灵之美的微笑，才会有助于服务双方的沟通、有助于缩短心理的距离。

真正的微笑，还应当是一种内心活动的自然流露，它来自人的内心深处，而且绝无任何刻意的包装或修饰。

（3）笑容的禁忌。真诚、合适的笑容能够为我们的社交活动添光加彩，使我们的商务活动事半功倍，但是一些不合适的笑容同样也能使我们在社交活动中陷入尴尬、窘迫的境地，甚至被人厌烦。因此，在社交场合中，应尽量避免下述表现。

①假笑，指笑得虚假，皮笑肉不笑。这有悖于笑的真实性原则，是毫无价值可言的。

②冷笑，指含有怒意、讽刺、不满、不屑、不以为然等意味的笑。这种笑，非常容易使人产生敌意。

③怪笑，指笑得怪里怪气，令人心里发麻。它多含有恐吓、嘲讽之意，令人十分反感。

④媚笑，即有意讨好别人的笑。它并非发自内心，而是出于一定的功利性目的。

⑤窃笑，即偷偷地笑，多表示洋洋得意、幸灾乐祸。

⑥怯笑，即害羞或怯场地笑。例如：笑的时候，以手掌遮掩口部，不敢与他人交流视线，甚至还会面红耳赤，语无伦次。

⑦狞笑，即笑时面容凶恶，多表示愤怒、恐吓。此种笑容毫无美感可言。

知识点拨

案　例

一家公司招聘文秘，由于待遇优厚，去应聘的人很多。文秘专业毕业的小文也前往面试。小文容貌姣好，有较强的文字功底，大学期间，曾在各类刊物上发表了共几万字的作品并为3家公司策划过周年庆典。面试那天，小文穿着吊带露脐装，手指上是专为应聘到美容院做的镶有彩钻的甲片面试时，小文轻盈地走到考官面前，自己坐下，还跷起了二郎腿，高跟拖鞋不停地晃动，笑眯眯地等着问话。几位面试官交换了一下眼神，随后主考官说："文小姐，请回去等通知吧。"

案例分析：

① 一个人的举止端正、行为文明、动作规范，是良好素质的表现，它能帮助个人树立良好形象，为组织赢得美誉。相反，举止行为不文明，有时会使有希望的事业毁于一旦。

② 该案例的情况说明不文明不规范的细节所带来的影响是极其恶劣的，也较为典型地体现了一些人在特殊场合时举止行为方面存在的问题。

■ 学以致用 ■

（1）为什么在人际交往中需要多一点微笑？怎样才能做到恰到好处的微笑？

（2）请检查自己的站姿、坐姿、行姿等姿态是否正确。找出自己的不足并加以纠正。

（3）站姿训练。

① 靠墙站立，要求后脚跟、小腿、臀、双肩、后脑勺都紧贴墙壁，每次训练20分钟左右，每天一次。

② 在头顶放一本书站立，这样会促使人把颈部挺直，下巴向内收，上身挺直，每次训练20分钟左右，每天一次。

（4）坐姿训练。按坐姿基本要领，着重进行脚、腿、腹、胸、头、手等部位的训练，可配以舒缓、优美的音乐，以减轻疲劳，每次训练20分钟左右，每天一次。

（5）行姿训练。在地面上画一条直线，行走时双脚内侧踩在线上。若稍稍碰到这条线，即证明走路时两只脚几乎是在一条直线上。训练时可配上行进音乐，音乐节奏为每分钟60拍。

（6）目光训练。以下两种方法坚持天天训练，不要间断，可使目光明亮有神。

① 在乒乓球馆观察跳动的乒乓球，视点集中在乒乓球上，并随其跳动转动眼球，坚持训练可达到目光集中、有神，眼球转动灵活的目的。

② 目光追逐鸽子飞翔的轨迹可使目光有神。

（7）微笑训练。

① 情绪记忆法，即将自己生活中最开心的事件储存在记忆中，当需要微笑时，可以回想那件最使你兴奋的事件，脸上便会露出笑容。注意练习微笑时，要使双颊肌肉用力向上抬，嘴里默念"一"音，用力抬高嘴角两端，注意下唇不要过分用力。

② 对着镜子，做自己最满意的表情，到离开镜子时也不要改变它。

③ 当一个人独处时，深呼吸、唱歌或听愉快的歌曲，忘掉自我和一切的烦恼，让心中充满爱意。

素养提升

曾子避席

　　"曾子避席"出自《孝经》，是一个非常著名的故事。曾子是孔子的弟子，有一次他在孔子身边侍坐，孔子问他："以前的圣贤之王有至高无上的德行，以精要奥妙的理论来教导天下之人，使人们和睦相处，使君王和臣下之间也没有不和，你知道它们是什么吗？"曾子听了，明白老师孔子是要指点他，教给他最深刻的道理，于是立刻从坐着的席子上站起来，走到席子外，恭恭敬敬地回答道："我不够聪明，哪里能知道，还请老师把这些道理教给我。"

　　在这里，"避席"是一种非常礼貌的行为，当曾子听到老师要向他传授知识时，他站起身来，走到席子外向老师请教，是为了表示他对老师的尊重。

讨论：

　　尊师重道一直是中华民族的传统美德，曾子的举止行为在当代生活中有何意义？

第三篇

社会生活礼仪——小中见大

开篇寄语 ▼

　　社会生活礼仪是人们在公共生活和相互交往中约定俗成、普遍遵循的基本行为规范，涉及个人在人际交往中仪表仪容、言谈举止、待人接物等方面的具体规范和惯用形式。作为公共生活的"通用语言"，社会生活礼仪重视小节，以小见大。每一个细节都能反映公民的文明素养，体现社会的文明程度。创造文明和谐的社会生活，需要我们知礼、明礼、习礼，进而达礼，既要展现自我的修养，又要体现对别人的尊重。每个人都应自觉学习社会生活礼仪知识，提高社会生活礼仪水准，积极践行社会生活礼仪的基本要求。

育人目标 ▼

　　领悟社会礼仪的重要性，在家庭、校园、社会等不同环境中正确运用礼仪规范，传承中华民族"己所不欲，勿施于人"的传统美德。

第一课　家庭礼仪

至理名言

　　凡为天下，治国家，必务本而后末。……务本莫贵于孝。……夫孝，三皇五帝之本务，而万事之纪也。夫执一术而百善至，百邪去，天下从者，其惟孝也。

——《吕氏春秋·孝行览》

【应知导航】

（1）子女孝敬长辈的礼仪。

（2）拜访亲友的礼仪。

（3）邻里交往的时候需要遵守的礼仪。

【知识探究】

家庭是人类社会生活的基本单位，是社会肌体的细胞。家庭由家庭成员构成，每个人都想有一个美满、幸福的家庭，每位家庭成员都希望家庭关系和谐、亲密。如何让家庭充满欢声笑语和温馨的气氛呢？家庭生活礼仪，在这方面可以发挥重要的纽带作用和有效的调节作用。家庭生活礼仪是家庭成员在家庭生活中处理相互关系的行为规范与准则。父母善待子女，晚辈孝敬长辈，可使家庭关系更加亲密。

一、家庭礼仪的基本特点

家庭礼仪的基本特点主要表现在以血缘关系为基础、以感情联络为目的、以相互关心为原则、以社会效益为标准 4 个方面。

1. 以血缘关系为基础

家庭礼仪主要体现在家庭成员之间，而家庭成员之间的关系是人类社会中最为普遍的关系，以血缘关系为基础。因此，在家庭礼仪的形成、建立和运用过程中，必须从血缘关系这一基本点出发。

2. 以感情联络为目的

家庭礼仪的主要职能并非是个人形象的塑造，而是通过种种从习惯发展而形成的礼节、仪式来进一步沟通感情。家庭成员间的感情有了血缘关系的基础，还需要通过一定的礼仪手段来维持、强化和巩固。在婚嫁喜庆、乔迁新居、寿诞生日等种种仪式活动中，礼仪可以使更多的人体会和享受到情感的连接。家庭礼仪的最终目的就是加强感情联系。

3. 以相互关心为原则

要衡量一件事或某一种行为是否符合家庭礼仪要求，只需要分析一下事件或行为中的双方之间是否存在相互关心的成分，因为真诚的祝福、耐心的劝导、热情的帮助本身就是合乎礼仪的。

小贴士

慈母手中线，游子身上衣。

临行密密缝，意恐迟迟归。

谁言寸草心，报得三春晖。

——孟郊《游子吟》

4. 以社会效益为标准

不同的时代环境，不同的区域，礼仪、风俗存在着很大的差异性。家庭礼仪也一样，因为它受多种因素的影响，家庭活动中的许多礼仪也是不断变化着的。要评价一种家庭礼仪是否是进步的、是否合乎礼仪规范，主要看它是否能产生很好的社会效益。

二、子女与父母相处礼仪

年轻人都希望自己有一个良好的成长环境，很羡慕和谐的家庭氛围。而实际上，年轻人自身在家庭中的言行，对营造温馨的家庭氛围有着极为重要的作用，很多年轻人尚未充分地意识到这一点。那么，我们究竟应该怎么做呢？

■ 知识链接 ■

东汉时，有一个人名叫黄香，很小的时候就知道亲近、孝顺父母。在他 9 岁时，母亲便去世了，靠父亲一人养育他。黄香深知父亲的辛苦，对父亲倍加孝顺，揽下一切家务活，别的小孩子在玩耍时，他在家里劈柴做饭，好让父亲有更多的时间休息。夏天的时候，天气炎热，黄香的父亲干完活，坐在院子里乘凉，黄香就用扇子把床扇凉，然后伺候父亲上床就寝；冬天，天寒地冻，他先用自己的身体把被窝暖热，才让父亲躺下睡觉。日久天长，黄香对父亲的孝道深得乡邻的称赞。在黄香 12 岁时，江夏的太守称他为"至孝"；汉和帝也曾嘉奖过他。

1. 尊重父母

大家都清楚这样一个事实：孩子的每一步成长，都凝结了父母的心血和汗水。可在日常生活中，一些年轻人又常常不能忍受父母的唠叨和事事过问，不少人为此烦恼，有的人甚至采取对抗的态度顶撞父母。这样一来，家里就免不了发生口角。其实我们可以用另外一种方式处理，先听父母说，不急于表明自己的想法，或者以征求他们意见的方式阐述自己的想法，比如询问"我可不可以这样做？"无论与父母有多大的分歧，有一个前提是不该违背的，那就是尊重父母。

2. 注重沟通

有些年轻人在外面比较活跃，回到家中却变得沉闷起来，不愿意主动与父母沟通，对父母的提问也表示反感，甚至是父母问一句才勉强答一句，这种态度会给家庭带来很不愉快的气氛。每天与家人在一起用一点时间进行交流，可以使父母长辈了解你的状况，而且还能向他们传达一个很重要的信息：你依然爱他们，愿意向他们倾诉。

3. 孝敬长辈

在家中孝敬长辈，可以从许多小事做起。例如：晨起之后向长辈道一声早安；外出前或回到家后和父母打声招呼；平时吃东西前，先礼让父母；父母身体不适时，更要多关心问候，尽可能多地陪伴他们；平日多承担些家务，主动为父母分忧。这些都是好的尽孝方式，看似是区区小事，对长辈却是很大的精神安慰。

三、拜访亲友礼仪

每逢节假日拜访亲朋好友时应注意以下几点礼仪。

1. 时间礼仪

一般应避开对方吃饭和休息的时间，最好事前同对方约定时间。如果是晚上拜访亲友，逗留的时间不宜过长，以免影响主人家的休息。

2. 进门礼仪

如果拜访的是长辈，或第一次到对方家做客，应讲究礼仪，主人未坐下，自己也不要先坐；如拜访的人是平辈或很熟，则可以随便一些。进屋后，如对方家里有老人，要主动与老人打招呼；如遇到有许多人在座，对熟悉的人应打招呼，不熟悉的人，经主人介绍后，也要一一问候。

3. 坐姿礼仪

做客时，坐要有坐姿。我国古代就有端坐、危坐、斜坐、跪坐和盘坐之分。现代人不必刻意模仿古人，但坐正还是很有必要的。入座时，动作要轻而稳，不要猛地坐下，落坐不要发出响声。

4. 交谈礼仪

与人交谈时，两眼要平视对方。当主人以茶、糖果等食品招待时，应表示感谢。交谈的过程中，如有长辈在座，应该用心听长者谈话，最好不要随便插话，更不要自以为是。如自己确有真知灼见，作为晚辈也应谦虚而坦诚地阐明自己的见解，并虚心地请求对方指教。

5. 告别礼仪

节假日到亲朋好友家中拜访时，如果只是礼节性的拜访，应尽量缩短时间。告别前不要做出急于要走的样子。告别也不要在别人刚说完话后立即提出，这会使人觉得你不耐烦。作为客人，当主人送到门外时，还在说个不停，这也是不礼貌的。

四、邻里交往礼仪

讲究邻里交往礼仪，妥善处理好邻里关系，能给生活增添不少乐趣，使小家庭、大家庭的生活气氛更祥和、更温馨。

1. 彼此尊重

一栋楼或一个院子里，住着各种各样的人。但不论从事什么工作、职位高低，每个人在人格上和法律面前都是平等的。因此，大家应彼此尊重，见面时互相问候，有困难时互相帮助。

邻里同居一处，容易了解各家的生活习性，但千万不要打听别人的隐私，更不要东家长、西家短地议论别人，或捕风捉影、搬弄是非，以免邻里之间产生矛盾或纠纷。

2. 互相关照

作为邻居，生活在一个共同的空间之中，大家应讲究社会公德，注意维护环境卫生，合理使用院子和楼道等公共空间。

做一些事情或进行娱乐活动时，要为邻居着想。例如：不要在休息时间往墙上敲敲打打；晚上听歌曲或唱歌时，音响的声音或唱歌的声音不应太大，以免影响邻居的休息。

■ 知识链接 ■

相传，明朝有一个叫董笃行的人在京城做官。一次，他接到家中母亲的来信，信中称家中因盖房占用宅基地的问题与邻居发生了争执，希望他能出面干涉。而他在复信中只附了一首打油诗："千里捎书只为墙，不禁使我笑断肠。你仁我义皆为邻，让出两墙又何妨。"母亲接到信后，很受启发，将院墙往里让了几尺，邻居知道后，自觉惭愧，也将院墙往里挪了几尺。双方让出的土地成了一条胡同，被后世称为"仁义胡同"。

知识点拨

案　例

小甲快毕业了，小甲的父母发现，孩子越来越不愿意与父母沟通了，一两个月才回家住两天，两天里大多时间也是在上网聊天，不大理睬他们。父母想与她谈谈以后的打算和就业的问题，小甲也爱搭不理。小甲把时间大多花在外在形象的追求上，而花在学习上的精力越来越少，每天忙着去健身、做美容，生活费是以前的两倍多，还总怪父母"太抠"，不支持她将来的就业。

到了毕业前找工作的时候，小甲仍不听从父母的忠告。经过两个多月的奔波，她的同学基本上都落实好了工作，只有她还在等消息。

案例分析：

① 注重仪表和形象是热爱生活、尊重他人的表现。一个注意仪表和形象的人往往能使自己的形象变得更加完美、在人际关系中更具魅力，也能赢得更多的朋友。但是小甲对仪表过于在意，对她的学习生活造成了不良影响，这显然已经背离了仪表礼仪的初衷。

② 勤俭节约是我国的传统美德，小甲在自己还没有独立的经济能力的时候，就开始追求高消费，不顾及父母挣钱的辛苦，这也是不符合我国传统礼仪的。

③ 我国是一个非常讲究孝道的国家，对自己的父母要充分尊重，在即将走上社会时，更要与父母多沟通，听听父母的经验之谈，会对自己未来的择业与就业大有裨益。而小甲却动不动就对父母发脾气，甚至责备父母，这违背了基本的家庭礼仪。

④ 一个不尊重父母的人很难尊重其他人，因此也很难得到别人的尊重。小甲求职的失利是其对外在的过分追求、对学习的荒废以及对他人的不尊重等多方面的原因造成的。现在就业压力很大，作为即将走上社会的学生，必须有自己的特长。虽然用人单位在意员工的外在形象，但那也是"同等条件下的优先考虑"而已。很难想象，一个和父母都处不好关系、不求上进、只在意物质享受的人，能给面试官留下什么好印象；同样的，这样的行为也会使人怀疑她能否为讲究团队合作、务实、上进的现代型企业带来效益。

■ 学以致用 ■

（1）与长辈发生矛盾的时候，子女应该怎么做？

（2）晚上拜访亲友的时候有哪些需要注意的地方？

（3）请讲几个中国古代与孝义有关的故事。

（4）请谈一下你对现今社会邻里"对面不相识"现象的看法。

第二课　校园礼仪

至理名言

　　善学者，师逸而功倍，又从而庸之。不善学者，师勤而功半，又从而怨之。善问者如攻坚木，先其易者，后其节目，及其久也，相说以解。不善问者反此。善待问者如撞钟，叩之以小者则小鸣，叩之以大者则大鸣，待其从容，然后尽其声。不善答问者反此。此皆进学之道也。

——《礼记》

【应知导航】

（1）如何在课堂上正确处理师生之间的关系。

（2）规范的宿舍礼仪包括哪些内容。

（3）如何做到文明就餐。

【知识探究】

　　在校园里，学生每天都与教师、同学和管理人员发生着直接的联系和交往。这些联系和交往构成了学生的基本交往网络，直接决定和影响着学生同教师、同学及管理人员之间的关系，也直接影响着学生的成长和进步。因此，学生在校学习和生活期间应正确处理好师生之间、同学之间以及与管理人员之间的关系，努力建立起良好的人际关系和学习、生活环境。

一、尊师礼仪

　　教师是塑造人类灵魂的工程师，肩负着传道、授业、解惑和培养学生实践能力、创新精神的神圣职责。尊敬教师是每一个学生应做到的基本礼仪。

1. 尊重教师的劳动

　　尊重教师的劳动主要表现在上课认真听讲。目前，课堂教学仍是学生在校学习的主要环节。教师讲授的内容尽管部分甚至大部分仍来自教材，但也已是教师在备课过程中经过思考，进行筛选、精化、细化和排列组合的内容，浸透了教师的心血，融入了教师的经验和体会。因此，学生在上课时要聚精会神地听讲。切不可因为教师讲的课程不是专业课、教师讲的部分内容书上有，或者自己对教师讲的内容不感兴趣，就交头接耳，做小动作，或开小差甚至睡大觉。这种行为不仅对自己的学习毫无益处，而且是对教师的不尊重。

知识链接

宋代学者杨时和游酢拜程颐为师，有一次他们去请教老师，正逢老师午睡，为了不惊醒老师，两人站在门外雪地等候。当老师醒来时，雪已有一尺深，杨、游二人遍身是雪，但仍然恭敬地站立在门外。

2. 有礼貌地对待教师

上下课时要按口令迅速起立，向教师致礼。因事迟到或早退，要向教师说明原因，取得教师的理解或认可。与教师相遇，要主动地打招呼问好、让路，即使有时教师因听课学生太多，一时叫不出自己的名字，也应给予理解，必要时应主动做一下自我介绍。碰到教师从事体力工作时要主动帮助。在水房、食堂等人员拥挤的公共场所，遇到教师要主动礼让。对于年迈、生病或整日忙于教学科研无暇顾及家庭的教师，要力所能及地给予帮助。有事到教师家拜访，要提前预约，要让教师有所准备和安排；拜访时间不宜过长，晚上不宜太晚，以免占用教师过多时间或影响教师的家人休息。

知识链接

汉明帝刘庄做太子时，博士桓荣是他的老师，后来刘庄继位做了皇帝"犹尊桓荣以师礼"。明帝曾亲自到太常府去，让桓荣坐东面，设置几杖，像当年讲学一样，聆听老师的指教。他还将朝中百官和数百桓荣教过的学生召到太常府，向桓荣行弟子礼。桓荣生病，明帝就派人专程慰问，甚至亲自登门看望。每次探望老师，明帝都是一进街口便下车步行前往，以表尊敬；进门后，往往拉着老师枯瘦的手，默默垂泪，良久乃去。当朝皇帝对桓荣如此，所以"诸侯、将军、大夫问疾者，不敢复乘车到门，皆拜床下"。桓荣去世时，明帝还换了衣服，亲自临丧送葬。

3. 尊师礼仪的禁忌

① 遇到老师视而不见，不主动打招呼。
② 面对不是教自己的老师，不用礼仪规范自己。
③ 背后讨论老师，对老师的形貌、衣着等评头论足，甚至给老师起外号。
④ 明知自己错了，可嘴上不服气，不勇于承认错误。
⑤ 对老师说话过于随便，不用尊称。

二、同学交往礼仪

同学间的交往是学生交往的重要方面。同是年轻人，同在一个食堂吃饭，同在一个教室上课，阅历、知识水平基本处于同一个发展阶段，这些相同性或相似性为同学间展开交往、建立良好的人际关系提供了基础。在对美好理想的追求中，在攀登科学高峰的征途中，建立良好的同学关系，交几个知心朋友，会使你如虎添翼。

处理好同学间的关系，要注意以下礼仪与禁忌。

1. 坦诚相待，谦虚谨慎

同学相处要做到诚实可信。说话办事要忠于客观事实，说老实话，办老实事，做老实人。在错误面前不掩饰，表里如一，襟怀坦荡。同学、朋友交往中要言而有信，忠实于诺言，敢于承担应负的责任，言必信，行必果。应时刻记住，诚实是做人的本分。

另外，谦虚待人在同学交往中也是非常重要的。有些同学人际关系紧张，往往是由于自己有了点成绩、有了些能力就骄傲自大，目空一切，常常在同学面前吹嘘、炫耀自己，说话办事不尊重别人的意见。须知，青年人的自尊心、好胜心都很强，他人绝不会因为你的自我标榜就增加对你的敬意。要记住"满招损，谦受益"的道理，虚心向他人学习，善于和朋友合作，虚怀若谷，见贤思齐，只有这样才能不断提高自身素质。

2．友善热情，礼貌待人

学生在各个方面都还处在发展阶段，各有各的长处，也各有各的弱点。作为同学，一方面，应"一日三省吾身"，时常反思自己的言行，尽可能地少犯错误；另一方面，对同学的过失和缺点，应善意地给予提示，即使对于一时难以改掉的毛病，也要采取宽容的态度，不应过分挑剔。对于同学的不同习惯或爱好，应给予充分的尊重。对同学的隐私也要充分尊重，主动地去探寻别人的秘密是缺乏教养的表现。

热情是同学关系的凝聚剂。在平时的生活学习中，应主动热情地去关心、照顾别人，当得到别人帮助时，也要及时表示感谢。对别人的热情无动于衷是很失礼的。同学交往，说话要和气，使用文明语言，做到彬彬有礼。只有尊重别人，才能得到别人的尊重。

3．化解矛盾，增进团结

同学之间产生矛盾是常有的事，有时是不小心造成的，如下课时无意踩了别人的脚，有可能会导致双方争吵；有时是误会造成的，如张三丢了东西，怀疑是李四拿走的，虽未明说，但隔阂已产生了；还有一些则是有意造成的，如同住一个寝室的同学晚上回来得晚，影响了你休息，于是第二天中午你就故意打开收音机影响他午休，如此恶性循环，导致两人关系紧张。从主观上看，你有理由争吵、有理由怀疑，但从礼仪要求上讲，这都是不对的。这样做非但不能化解矛盾，反而会把矛盾激化，造成越来越深的隔阂。正确的做法是，当产生矛盾时，主动找对方沟通，求得理解和谅解，把大事化小，小事化了，促进同学之间的团结。

■ 知识链接 ■

苏秦和张仪均师从鬼谷子，学纵横之术。苏秦凭其三寸不烂之舌受燕王赏识出使赵国，后合纵六国，配六国相印，统领六国共同抗秦，显赫一时。而张仪比较落魄，苏秦让人把老同学召来，用激将法故意多次假意侮辱他。张仪被激怒了，想到天下诸侯能压倒赵国的只有秦国，遂入秦。苏秦又暗地里遣其下人送金币资助张仪，使张仪得见秦王。秦王悦之，以为客卿。从此张仪凭其谋略与游说技巧，将六国合纵土崩瓦解，为秦国立下不朽功劳。没有苏秦这位同窗好友的相助，张仪未必能得到秦国权柄。所以张仪知道原委后叹息道："嗟乎！此在吾术中而不悟，吾不及苏君明矣！"并请苏秦的下人代他多谢苏秦，表示只要苏秦在，他绝不提伐赵二字，以此来报答苏秦相助之事。

4．同学交往礼仪的禁忌

① 以貌取人，讥笑成绩落后和身体有缺陷的同学。

② 男女同学交往没有限度，举止轻浮，嬉笑打闹，动手动脚。

③ 为所谓的朋友义气，不讲原则，感情用事，不计后果。

④ 对同学的相貌、体态、衣着品头论足，喜欢背后议论人。

⑤ 个性太强，得理不让人，自我清高，待人冷淡。

⑥ 嫉妒、猜疑、报复心强，性格孤僻，适应能力和协调能力差。

三、学习生活礼仪

1. 图书阅览场所礼仪

图书馆、阅览室是师生获得科学知识的重要场所，是师生博览群书、获取科技信息的圣地，是一个高度文明的场所。因此，学生出入图书馆、阅览室，要处处表现出应有的风度。

① 到图书馆借阅书刊要自觉遵守借阅规定，主动出示证件，使用文明用语。

② 遇到借阅高峰期，人员拥挤时，要自觉遵守公共秩序。

③ 要爱护借阅的各类书刊，对于珍贵书籍要加倍珍惜，如有损坏，主动按规定赔偿。

知识链接

司马光藏文史书籍万余卷，常常整日整夜地翻阅浏览，数十年从不中断，但书籍却完好如新，好像从未被翻动过一样。他曾多次教导儿子：做生意的人要多积攒本钱，读书人则应收藏图书并懂得爱惜图书。他要求儿子在天气晴朗之日读书时，必须避开日光照射的地方看书；看书前必须先将书案清理干净，然后才能翻阅；如果旅行途中需要看书，必须以方板托衬，不能用手持书阅览，更不可用有汗渍的手去触及图书，以免污损图书；看完一页，要用右手拇指与食指沿书边轻轻翻过，绝不可以用手指揉捻书页，以免揉皱纸张。

④ 在阅览室要文明阅览，要爱护书刊及其他各种公物。在公共书刊上乱写乱画，甚至撕剪书页都是不文明、不道德的行为。出入图书馆、阅览室脚步要轻，不可大声喧哗，更不能在阅览室内热烈讨论或大声争论问题。

⑤ 要尊重图书管理人员。

小贴士

图书馆礼仪的禁忌包括以下4个方面。

① 衣着不整、不雅，手脸不洁，邋遢不净入图书馆。

② 边吃东西边看书，随意丢弃废物。

③ 在图书馆旁若无人，高声说话，甚至嬉戏打闹。

④ 玩手机，打电话，手机铃声大作，通话时间过长，通话音量过高。

2. 食堂礼仪

食堂是师生集体就餐的场所，也是校园文明建设的重点场所之一。作为学生，要注意讲究食堂礼仪。

① 要自觉排队。买饭排队是维持正常秩序的需要，也是公共道德的要求。对于那些有

特殊原因需优先买饭菜的同学要谦让，并要正确对待队伍中可能出现的摩擦，切不可因一点小事就对人恶语相向、使用武力。

② 要文明进餐。进餐时要保持安静，切勿大声喧哗。进餐时以正确的坐姿坐在凳子上，切不可把脚踏在凳子上，或左右观望。

小贴示

和师长、同学以及熟悉的人在一起吃饭，如果先吃完，最好说声"大家慢慢吃"。

③ 不要乱扔饭菜，勤俭节约是一种传统美德，也是对农民和工作人员劳动成果的尊重。如果进餐完毕后确实有剩余饭菜要倒掉，也要按食堂规定倒在指定的地点，不可在饭桌、地上乱倒，以确保食堂的清洁卫生。进餐完毕后，要及时离开，给其他同学腾出位置。

④ 尊重食堂人员劳动。要尊重炊事人员和管理人员的劳动，如有什么问题，切不可争吵或辱骂对方，应该通过管理部门或其他途径解决。当自己所报菜名或者付款金额出现差错时，要主动道歉，不要与服务人员发生争执。如果是服务人员出现差错，应当主动提醒，不要出言不逊。如果饭菜有问题，应该和颜悦色地与服务人员交流，不要争执，以免产生误会。

3. 宿舍礼仪

宿舍是学生在校期间居住的场所，也是学生离开家庭后住进学校的"家"，因此学生在宿舍也应该注重礼仪。

① 按时回宿舍，自觉接受门卫人员的检查。各校都规定了宿舍区的出入时间，晚上学生必须在规定时间以前回宿舍，如有特殊原因未能及时回宿舍，要如实向门卫人员讲明原因。

② 按时作息。宿舍各成员应在熄灯后就寝，切忌在走廊里、宿舍里大声喧哗；尽量避免使桌、椅发出巨响而影响他人休息。早晨要按时起床，坚持早操，养成良好的作息习惯。

③ 严格遵守宿舍卫生管理条例，保持整洁卫生的生活环境。这不但能给同学们创造良好的生活条件，而且有利于宿舍成员的身心健康。要养成良好的个人卫生习惯，按时洗脸、刷牙、洗澡，勤洗衣服勤擦鞋，认真整理内务，保持个人和生活用品的整洁。

④ 做好值日工作。轮到值日的同学，必须自觉维持宿舍内卫生。认真做好整个宿舍的整理、清扫等工作。其他同学也应积极地给予配合。

⑤ 切忌随意向窗外乱抛杂物或泼水。一盆泼出去的水难以收回，一场干戈也可能因此产生。随意向窗外扔杂物也是不尊重他人劳动、破坏公共环境的极不文明的行为。

⑥ 节约水电。在洗漱间洗漱完毕，要随手关好水龙头。在光线充足的情况下或离开宿舍时，要随手关灯。切不可因用的水电是学校的，就对长明灯、长流水不管不顾，造成浪费。

⑦ 文明走访。宿舍间平时注意不要随意乱窜，以免打扰他人生活和休息。有事情或受到邀请时可以去其他宿舍拜访。进入宿舍应主动和其他同学打招呼问好。如在宿舍接待亲友或有外人来访时，要在客人进入宿舍前与各位室友打好招呼，客人进入宿舍后应主动介绍来访者，作为室友应主动热情，礼貌周到。招呼客人不要高声谈笑，时间也不要过长。当同学有亲友来访，谈一些私事时，其他同学要适当回避。绝不要在一旁偷听，更不要插嘴询问。如客人是异性，应顾及室友的衣着、起居而见机行事，并严格遵守学校的有关规定，判断是否允许异性到宿舍拜访。

在集体生活中必须养成自觉和宽容这两种美德。由于学校生源比较广泛，地域差异、经济文化等发展的差异，势必会造成同学们生活习惯、行为处事上的不同。此时，就需要求大同、存小异，要互相适应。

知识点拨

案　　例

东汉时期，有个叫陈蕃的人，他年轻时很想干一番大事业，立志要"以天下为己任"。可是他却从来不肯动手把自己的卧室打扫干净。当时就有人批评他："一屋不扫，何以扫天下！"

案例分析：

① 陈蕃不愿做扫地这样具体的事，说明他的大志是不实在的，从今天精神文明的角度来说，就是空的。

② 一间学生宿舍里如果床上乱糟糟，地上脏兮兮，东西乱摆放，气味很难闻，学生嘴上口号喊得再漂亮也没什么用。人们从宿舍这个窗口，可以一眼看出住在这个宿舍的学生的卫生习惯与精神文明的好坏。

■ 学以致用 ■

（1）请写几条校园文明礼仪宣传语。

（2）考完试后，某同学一对答案，发现自己很难及格，于是深夜十点赶紧带了礼物去老师家拜访。该同学支支吾吾了一小时，在说明来意后被老师狠狠批评了一顿，并让他带回了礼物。开学后，该同学发现自己这门课果然没有及格，于是到处造谣说老师贪污腐败。学校查明事实后，给予了该同学记大过的处分。

试分析该同学有哪些行为不当的地方。

（3）为什么说集体生活中自觉和宽容这两种美德尤其重要？

第三课　社会礼仪

至理名言

要想成为一个有修养的人，必须具备三个品质：渊博的知识、思维的习惯和高尚的情操。

——车尔尼雪夫斯基

【应知导航】

（1）购物时的礼仪。

（2）观看体育比赛的基本礼仪。

（3）乘坐公共汽车时应注意的礼仪问题。

【知识探究】

一、购物礼仪

学生在校园里会经常购买生活用品和商品，在商场或超市购物时也须遵循一定的礼仪，这样一来体现了作为学生应该具备的素质教养，二来有利于营造良好的购物环境。

1. 常说礼貌用语

在超市购物的时候，用"喂""嗨"等字眼对售货员呼来喝去是非常不文明、不礼貌的，也不要把从别处带来的坏情绪发泄在售货员身上。应该常说"谢谢""请"和"您"等字词。

2. 购物着装须整洁

有不少学生因为超市离宿舍近，就不注重穿着，穿着拖鞋和背心就直接往超市里冲，这是极失礼的表现。

3. 控制音量，礼貌交流

超市也是公共场合，应该禁止在超市里大声喧哗，对售货员要用亲切的礼貌语言，轻声交流。

4. 避免乱拿乱放

如果错拿了部分商品，应将其归还原处或放在超市指定的地点。购买衣物时也要将试过的衣物归还售货员，不要随便放在角落就扬长而去。此外，贵重的商品轻拿轻放，这样做也能避免很多麻烦。

5. 自觉排队

买东西、试衣服、结账时，如果前面有人，应自觉排队等待。排队时应与前面顾客保持一定的距离。

6. 不随便打开包装

虽说超市可以自选购物，但自选不等于随意而为，选购商品时，不要随意打开包装。

二、影剧院礼仪

1. 注意仪容仪表

看演出时应注意仪容仪表，需要统一着装的场合应做到仪容严整，着便服时也应仪表整洁，落落大方。如是去规格较高的剧院观看演出，应视其为一种隆重高雅的活动，男士可着西装或礼服，女士也应着正式套装或礼服。入场后如果戴着帽子应摘下，以免影响后排观众。

2. 遵守秩序

演出中应遵守秩序，不交头接耳、窃窃私语，也不要大声谈笑、打哈欠，更不能随便走动或者睡觉；不要鼓掌和叫好，更忌吹口哨；将手机关闭或调成静音状态；不吃带皮、带壳和其他会发出声响的食物。演出结束的时候，应报以热烈的掌声，以示感谢。此外，观看演出时要保持演出场所的环境卫生，不乱扔垃圾。

3. 有序离场

观看演出的过程中，没有特殊事情最好不要中途离场。演出结束后，应有秩序地离场，不拥挤、不打闹。要跟着人流有序走向门口。挤、推，只会加重拥挤，甚至会出现危险。万一被推挤的观众围困，要记住向最近的出口缓行并顺着人流前进，切勿乱钻。

知识点拨

案　例

一位著名的小提琴家到某沿海城市举办专场音乐会。正当台上的小提琴家倾力演奏，台下的听众如醉如痴之际，一阵极不合时、极不协调的手机铃声忽然在音乐厅内响起。小提琴家立刻停止演奏，整个乐队也停了下来，一段悠扬的协奏曲戛然而止。他将小提琴放了下来，拎在手里，静静地注视着听众席，没有音乐声的音乐厅里，空气如凝固一般。手机铃声停止后，小提琴家接着刚才中断的乐曲继续演奏。自始至终，他也没有用语言来表达自己的不满。然而，在这无声的抗议之后，音乐厅里再没有响起不该有的声音。

案例分析：

① 在公众场合，将手机关闭或调成振动是基本礼仪。在音乐会这种高雅的公共场合中，刺耳的手机铃声不仅会影响到周围观众的热情，而且还有可能对艺术家的表现造成不良影响。

② 在公众场合，应该自觉维护个人形象。而在此案例中，不协调的电话铃声不仅影响到演奏和周围观众的欣赏，而且直接对电话主人的个人形象造成非常不良的影响。

三、赛场礼仪

观看比赛，应该准时入场，以免入座时打扰别人。入场后，应该对号入座，不要因为自己的座位不好而抢占别人的座位。

1. 观看体育比赛的基本礼仪

观看体育比赛时，要注意自己的言行举止。言行举止不仅可以体现人的涵养，还关系到社会风气。精彩的体育比赛振奋人心，欢呼和呐喊是很自然的事情，可以为自己所喜欢的一方叫好，但不应该辱骂另一方。如果有精彩的场面，不管是主队的还是客队的表现，都应该鼓掌加油，表现出公道和友好。

在比赛中起哄、乱叫、向场内扔东西、鼓倒掌、喝倒彩的行为，是违背体育精神的，更是没有教养的表现。在比赛的紧要关头，不要因一时激动从座位上跳起来，挡住后面的观众。

体育场内要保持环境卫生，不乱扔垃圾。

观看体育比赛时的穿着，可以随气候、场所和个人爱好而定，但也要注意公共场所礼仪。即便再热，也不能只穿一件小背心，更不能光着膀子观看比赛，这样不雅观。在比赛中，如果对裁判的判决结果有异议，要按照程序向有关人员提出意见，谩骂、起哄甚至围攻裁判都是不文明的行为。

2. 观看各类体育比赛的礼仪

（1）观看篮球比赛礼仪。篮球比赛既简单，又综合多变；既有对抗性，又有游戏成分；既给个人发挥的空间，又强调集体配合。观赛时，可以带上内容健康、尺寸恰当、表达心意的标语牌，适时亮出。在入场仪式上，逐一介绍双方比赛队员时，观众要为每一位球员鼓掌。比赛中，良好的互动可以激发运动员的斗志，因此，在观赛过程中，可以采取多种形式为运动员加油呐喊、助威喝彩，但不得发出与裁判员相同或相似的笛声和哨声。既应为己方加油，也应为对方的精彩表演喝彩。注意控制情绪，文明友善，不说冒犯对方球队的话，更不能谩骂队员、教练和裁判，不往场内扔杂物。禁止在对方队员罚球时用荧光棒等干扰。

（2）观看足球比赛礼仪。足球比赛是对抗性、冲撞性很强的球类运动。观看足球比赛，情绪起伏会很大，因此，应特别注意控制自己的情绪。球队入场时，要为双方球员鼓掌，为营造赛场氛围，球迷可以穿着与自己喜爱球队相同颜色的球衣，可以采取有节奏鼓掌、摇摆旗帜等方式喝彩助威。观赛时，尽量不要站起来，如前排有人站起来，影响到自己的视线，可用平和的语气提示对方；不喝倒彩，不辱骂、不用语言攻击场上队员、教练、裁判；不携带赛场明令禁止的各种物品入场，不往场地内投掷杂物，以免造成场内秩序混乱。比赛结束后应带走垃圾，妥善处理。

（3）观看乒乓球比赛礼仪。乒乓球运动是一项技术精细的运动。比赛过程中，运动员必须处于精神高度集中的状态，仔细观察对手，迅速判断来球的旋转方向、速度、力量、落点及节奏，以决定自己回球的战术手段，这就需要一个良好的赛场环境。因此，每个死球和每局结束可以鼓掌喝彩，但在发球开始到出现死球的时间内，不应鼓掌、跺地板、大声讲话、呐喊助威、随意走动、展示旗帜和标语等。不应使用闪光灯拍照，闪光灯会影响运动员的视线，使运动员无法判断来球的路线，从而影响回球的质量和命中率。不将锣鼓和喇叭带进体育馆内，过大的声音、过激的语言都会影响运动员的心情和注意力。观看乒乓球比赛时，手机也要关闭或调整为振动、静音状态。

（4）观看羽毛球比赛礼仪。羽毛球比赛对声音、色彩、光线乃至室内空气流动要求都比较严格。比赛中，观众要保持适时的安静，不能随意发出响声，应将手机关闭或调至静音状态。羽毛球赛场的背景一般相对较暗，不能使用闪光灯拍照。运动员发球时，观众不能呐喊助威。为运动员加油鼓劲时，可以呼喊运动员或球队的名称；对精彩的表演可报以长时间的热烈掌声和喝彩。不应喝倒彩，更不能用带有敌意的语言攻击对方球队。观赛可穿便装，但不宜穿怪异服装。

（5）观看网球比赛礼仪。网球是一项高雅的运动项目。比赛时，运动员的注意力必须始终保持高度集中。但有时观众发出的噪声会使运动员分心，影响他们的水平发挥，这一点在发球时表现得尤为突出。观看比赛，应提前入场。如果比赛已经开始，可在第3、5、7等奇数局比赛结束换边时，由引导员帮助尽快入座。发球时运动员通常会用球拍原地拍球，这是运动员给自己加油打气并思考战术的表现，此时观众应该保持安静。比赛过程中，不能使用闪光灯拍照。观众有事需要离场时，最好在选手休息时离开，在一个球成为死球的时候再回到座位上。比赛中，当观众捡到球员打飞的球后，应在比赛暂停时将球扔入场内，千万不可在比赛进行时将球扔进场内。

四、乘坐交通工具礼仪

1. 乘车礼仪

有关乘车的礼仪，主要包括乘车时的座次安排与礼待他人两个方面的内容。

（1）乘坐轿车

乘坐小型轿车时，前排驾驶员身旁的副驾驶座为上座。车上其他座位的座次，由尊至卑依次应为：后排右座，后排左座。乘坐4排座或4排座以上的中型或大型轿车时，通常应以距离前门的远近来确定座次的尊卑，离前门越近，座次尊贵程度越高。在同一排座位之中，则又讲究"右高左低"。简单地讲，座次尊卑可以归纳为：由前而后，自右而左。乘坐双排座位或3排座位的轿车时，座次的具体排列则因驾驶员的身份不同而有所不同，具体分为下述两种情况。

① 由所乘轿车的车主亲自驾驶轿车。在这种情况下，双排5座轿车上其他4个座位的座次，由尊而卑依次应为：副驾驶座—后排右座—后排左座—后排中座。3排8座轿车上其他7个座位的座次，由尊而卑依次应为：副驾驶座—中排右座—中排中座—中排左座—后排右座—后排中座—后排左座。当主人亲自驾车时，若一个人乘车，则必须坐在副驾驶座上，若多人乘车，必须推举一个人在副驾驶座上就座，不然就是对主人的失敬。

② 由专职司机驾驶轿车。在这种情况下，双排5座轿车上其他4个座位的座次，由尊而卑依次应为：后排右座—后排左座—后排中座—副驾驶座。3排8座轿车上其他7个座位的座次，由尊而卑依次应为：后排右座—后排左座—后排中座—中排右座—中排中座—中排左座—副驾驶座。3排9座轿车上其他8个座位的座次，由尊而卑依次应为：中排右座—中排中座—中排左座—后排右座—后排中座—后排左座—前排右座—前排中座。根据常识，轿车的前排，特别是副驾驶座，是车上最不安全的座位。因此，按惯例，在社交场合，该座位不宜请妇女或儿童就座。而在公务活动中，副驾驶座，特别是双排5座轿车上副驾驶座，则被称为"随员座"，循例专供秘书、翻译、警卫、陪同等随从人员就座。

（2）乘坐公共汽车。

① 候车要排队，不要插队。不要车门一开就扑上去抢座位，用皮包等物件为同行的人占座也是极不文明的。上下车时，要礼让其他乘客，排队依次而行。挤不上公共汽车时，不要硬挤，这样既危险，又耽误其他乘客的时间。

② 寻找座位时，如打算坐在他人身旁，应当先问一下对方"这里有没有人"或是"请问我可以坐在这里吗"。在放置私人物品时，如果需要挪动他人之物，要首先征得对方的同意。

③ 上车后要拉好扶手站稳，不要靠在别人身上。应把座位让给老、弱、病、残、孕及抱孩子的人坐。倘若有人让座给自己，无论是否认识，均须立即向对方致谢。

④ 上车以后应当主动刷卡或投币。其他乘客帮自己刷卡后，要表示感谢；向售票员及其他乘客问路后，也要表示感谢。

⑤ 注意在乘坐公共汽车时不要大声讲话，这样会影响其他乘客。与熟人在车上旁若无人地高谈阔论也是不礼貌的。

⑥ 携带鱼、肉等生腥食物上车时，要包装好并妥善保管，避免弄脏别人的衣物。

⑦ 咳嗽、打喷嚏时，要用纸巾捂住。不在车上吃东西，不乱扔垃圾，不随地吐痰。

⑧ 下雨天乘车时，雨伞尖要向下，并且妥善安放雨伞，防止戳伤别人或弄湿别人的衣服；雨衣则要脱下，湿的一面向里裹起。

⑨ 若车上过于拥挤，乘客之间应该互相体谅，万一碰撞、踩到了别人，要立即向对方道歉。

⑩ 对待车上的服务人员，既要尊重，又不宜要求过高。

2. 乘机礼仪

在所有正规的交通工具中，飞机最为快捷、舒适。在乘坐飞机时，要认真遵守乘机礼仪。

（1）乘机时不得违规携带有碍飞行安全的物品。通常规定：任何乘客均不得携带枪支、弹药、刀具以及其他武器，不得携带一切易燃、易爆、剧毒、放射性物质等危险品。

（2）登机时应当认真配合例行的安全检查。在进行安全检查时，每位乘客都要通过安检门，而其随身携带的行李则需要通过探测器。如有必要，对乘客或行李使用探测仪进行检查时，乘客应配合检查，不应当拒绝检查或无端进行指责。

（3）飞行时要遵守有关乘机安全的各项规定。在飞机飞行期间，一定要熟知并遵守有关乘机安全的各项规定。当飞机起飞或降落时，一定要自觉地系好安全带，并且收好面前的小桌板，同时将座椅调直。当飞机受到高空气流的影响而发生颠簸、抖动时，也要将安全带系好，切勿自行站立、走动。

（4）乘机时需要对安全设备有一定程度的了解。在飞机起飞前，所有的客机均会由客舱乘务员或通过播放电视录像片的方式，向全体乘客介绍氧气面罩、救生衣的位置及其正确的使用方法，以及机上紧急出口所在的位置和疏散人群、撤离飞机的办法。在每位乘客面前的物品袋内，通常还会专门备有有关上述内容的图示。对此，一定要认真倾听、认真阅读，并且牢记在心。切勿乱摸、乱动飞机上的安全用品，偷拿安全用品或私开安全门不仅要负法律责任，而且还有可能危及自己和飞机上其他乘客的生命安全。上、下飞机时，要注意依次而行。在飞机上放置自己随身携带的行李时，要与其他乘客互谅互让。在自己的座位上就座后，要遵守公德，不要当众脱衣、脱鞋，尤其不要把腿、脚乱伸乱放。当自己休息时，不要使身体触及他人，或是将座椅靠背调得过低而妨碍他人。与他人交谈时，说笑声切勿过大。不要在飞机上乱吐东西，呕吐时，务必使用专用的清洁袋。对待客舱服务员和机场工作人员，要表示理解与尊重，不要蓄意滋事，或向其提出过高要求。可以跟身边的乘客打招呼，或是稍做交谈，但不应影响到对方的休息。不要盯视、窥视素不相识的乘客，也不要谈论令人不安的劫机、撞机、坠机事件。

3. 乘坐其他交通工具的礼仪

乘坐地铁、渡轮、出租汽车等交通工具时，也要讲文明礼貌。乘地铁时，尤其不能靠着车门或用手掰、用脚踢车门，因为地铁门的开、关不是由人工控制的。而且地铁的运行速度较快，一旦发生故障，地铁无法运行，可能和后一辆地铁相撞，也可能造成全线停止运行的结果。乘渡轮时，谨防在码头拥挤及渡轮超载。乘出租汽车时，司机不应拒载、宰客；乘客不要强迫司机闯红灯，违反交通规则；两个乘客同时拦下一辆出租车时，要懂得谦让。

知识点拨

旅游礼仪

　　旅游是一项文明而健康的活动，旅游也是我国公民的一项日常活动。但是，在我们欣赏名山大川、文化古迹的同时，不要忘记，应做一个文明的旅游者。

　　首先，要爱护旅游地区的公共财物。大到公共建筑设备、名胜古迹，小至花草树木，都要珍惜爱护。旅游地区的公共财物是我国广大劳动人民智慧的结晶，特别是名胜古迹，更是我国古老文明的标志，是中华民族的骄傲，每一个中国人都要珍惜这些"无价之宝"。在旅游中，要十分注意爱护亭廊等建筑物的结构装饰，不要以脚蹬墙把鞋印留在墙上；不要在柱、墙、碑等建筑物上刻画破坏；不要在景点折树枝，摘花朵；不要用棍棒挑逗或用东西投掷景区内动物。

　　其次，要注意保持旅游地区的安静和环境卫生。进入旅游风景区不要大声喧闹，不要随地大小便，不要随意把果皮纸屑、杂物抛入水池中。如果是自己携带和产生的垃圾，应收拾好并扔入垃圾箱或带出景区。郊游或野炊活动时，注意不要在林间草地随意生火，破坏植被，更不要将美丽的大自然弄得一片狼藉，要在游玩后收拾现场，恢复原貌。

　　最后，在旅游中要关心他人，注意礼让。比如，在景色优美的地方拍照，要互相谦让，不要与人争抢先后；当拍照时有人走近而遮挡镜头时，应有礼貌地提醒，不可大声叫嚷、斥责和上去推拉，拍毕还应向人道谢；如果是自己通过有人拍照的区域，应注意不要破坏别人拍照的画面，要快速通过或稍等一会儿；遇到拥挤的时候，不要争抢，要按顺序排队。不要躺在公园长椅上睡觉，也不要坐在椅子靠背上、脚踩在凳面上；见到老、弱、病、残、孕和抱小孩者需要就座时应主动让座；请人让座，应征得别人同意后方可入座，并要表示谢意。

　　旅游中如要划船，应小心用桨，不要将水溅到其他船上及他人身上，两船过桥洞或行进在狭窄水面时不要争先抢行，以避免碰撞。

■ 学以致用 ■

　　（1）一位年轻的业务经理与董事长和总经理、副总经理一同搭乘由公司司机驾驶的轿车去省城开会，请你为他们分配座位。

　　（2）观看乒乓球比赛时，你应该怎么做？

　　（3）乘坐飞机时，如果遇到有人高声讲话，影响到周围人的休息，你会怎么做？

事无礼则不成

我国是一个文明古国，礼仪文化源远流长。早在两千多年以前，先人就对礼仪的作用做过许多重要的论述，"不学礼，无以立""人无礼则不生，事无礼则不成，国家无礼则不宁"。新加坡前总理李光耀也曾指出，文明礼貌既能促成良好的人际关系，又能促进生产力的发展。这些精辟的论述，把礼仪在治国安邦、成就事业、个人生存发展中的作用揭示得淋漓尽致。

马克思主义认为，秩序是指人与事物的一种有规律的状态。人类社会和自然界的运动都必须遵守一定的秩序。在茫茫宇宙中，如果没有秩序，各种星球就会在互相冲撞中共同毁灭。人类社会也是如此，如果没有了秩序，无论是日常生活，还是生产活动，都无法正常进行。

我国春秋时代，列国纷争，战乱不已。有一次，晋平公想要攻打齐国，派范昭先去打听一下情况。齐景公接见并盛情招待了范昭。酒喝到兴头上，范昭提出，要用齐景公的酒杯喝酒。对于这样不合礼仪的要求，齐景公竟然答应下来，吩咐道："将寡人的酒杯斟满酒，呈给客人喝罢。"这时，齐国的大臣晏子马上制止说："岂能用主公的酒杯，还是换过来吧。"范昭心里很不高兴，装着醉了的样子对乐师说："可以为我奏成周的曲子吗？我来献舞给在座诸位。"乐师明白，成周之乐是天子之曲，范昭一介使臣，要舞天子之乐，是不合礼仪的，于是推辞说："在下没有奏过这样的曲子。"范昭听了，只得悻悻作罢。

晋平公后来还是放弃了攻打齐国的念头。因为范昭回去报告说："臣对齐国国君有羞辱之念，就让晏子识破了；想要冒犯一下他们的礼法，又被乐师察觉了。看来齐国是攻打不得的。"在范昭看来，一个国家的礼仪状况，与这个国家的社会稳定程度，是密切相关的。一个礼仪完善并且遵循不误的国家，其社会一定是稳定的；一个对礼仪规矩恪守不误，丝毫不肯妥协的国家，是不能轻易使它屈服的。范昭的这些认识一定也得到了晋平公的认同，他不再攻打齐国就是证明。

也许有的人会认为，范昭的说法未免言过其实了吧！区区礼仪，对一个国家和社会的稳定竟有如此重大的作用吗？这种意见，实际上是礼仪怀疑论或礼仪取消论的思想体现。因为否认礼仪有维护社会稳定的巨大作用，也就从根本上否定了礼仪的意义和价值，礼仪一旦失去了维护社会稳定的作用，就只能取消了。

无论哪一个国家，也无论哪一个朝代，要想维护其稳定，都不可能不借助礼仪的力量。不但国家与朝代是这样，任何一级社会组织，例如企业、机关、团体、学校等，也莫不如此，在维持其内部稳定的时候，都需要借助礼仪的力量。

就拿学校来说，假如现在我们将一切礼仪制度、规范统统废除，那么，将会出现什么样的情景呢？

再以家庭为例，假如某个家庭必要的礼仪规范没有了，那么或夫妻反目，或父子成仇，或长幼失序，这个家庭将乱七八糟。

再以班级为例，假如某个班集体的礼仪制度和礼仪规范统统不复存在了，那么在年长同学和年幼同学之间、男同学和女同学之间、同学和老师之间、这个班级与兄弟班级之间……所有的这些关系会出现怎样的情形，我们实在难以想象。但有一点是肯定无疑的——这个班级只能是一盘散沙。

礼仪在维护社会稳定方面的作用是毋庸置疑的。如果你是一个有责任心的人，如果你认为社会、学校或家庭是值得信赖和维护的，那么就勇敢地承担起对社会、学校或家庭的责任吧。你应该注意到，礼仪绝非区区小事，你的每一个礼仪行为，实际上都是为社会、学校或家庭的稳定、发展和繁荣所做的贡献。这该是一件多么有意义的事啊！

（烨子，《校园环境时尚礼仪》，2021年，有改动）

讨论：

1. 举几个你在社会生活中运用礼仪的例子。
2. 结合材料分析一下礼仪在我们社会生活方面有哪些重要作用，并谈谈你的感悟。

第四篇

社交礼仪——
建立和谐的人际交往

随着社会的进步和文明的发展，人们的社会交往日益频繁。在全球化的21世纪，个人要想取得人生事业的成功，必须具备两种素质：一种是合乎礼仪的形象，另一种是合乎形象的礼仪。社交礼仪作为联系、沟通、交往的纽带和桥梁，显得尤为重要。遵循社交礼仪，交际应酬就会得心应手、游刃有余，生活也会变得更加和谐、顺畅；违背或偏离社交礼仪，往往会事与愿违，事倍功半。

育人目标 ▼

在社会交往中，遵守社交礼仪，正确处理不同场合的人际关系，学会尊重、宽容、平等待人。树立文明交往意识，提高人际交往能力，为走入社会服务大众，实现个人理想与自我价值做好充分准备。

第一课　见面礼仪

至理名言

鹦鹉能言，不离飞鸟；猩猩能言，不离禽兽。今人而无礼，虽能言，不亦禽兽之心乎？

——《礼记·曲礼上》

【应知导航】

（1）握手礼的 3 要素。

（2）常见的 3 种鞠躬礼。

（3）致意礼的 5 种形式。

【知识探究】

见面礼仪是日常交际礼仪中最常用与最基础的礼仪，人与人之间的交往都要用到见面礼仪。从事服务行业的人掌握一些见面礼仪，并用礼仪去规范工作中的言谈举止，能为以后顺利开展工作打下基础。常用的见面礼仪有称呼礼、握手礼、鞠躬礼、致意礼和介绍礼等。不同国家、不同地区有着不同的见面礼仪。

一、称呼礼

1. 普通男女的称呼

一般情况下，对男子不管其婚否都称"先生"；对于女子，已婚的称"夫人"，未婚的称"小姐"。在外事交往中，为了表示对女性的尊重，也可将其称为"女士"。

2. 官方人士的称呼

对官方人士，可称其职衔或"先生""女士"等。

3. 专业人员的称呼

对医生、教授、法官、律师以及有博士等职称、学位的人士，可直接称"医生""教授""法官""律师""博士"等，也可在前面加上姓氏或在后面加上"先生""女士"。

4. 军人的称呼

对军人一般称其军衔，知道其姓名的可在军衔前冠以姓名。有的国家对将军、元帅等高级将领称"阁下"。

5. 服务人员的称呼

对服务人员一般情况下称"服务员"，如果知道其姓名的，可单独称呼其名字，但现在越来越多的国家称服务员为"先生""女士""小姐"。

6. 宗教人士的称呼

西方教会的神职人员，一般可称教会的职称或姓名加职称，也可以职称加"先生"，有时主教以上的神职人员也可称"阁下"。佛教出家人士按其职务可称呼"住持""师父""师太"等，也可在职务前加上其法号。

二、握手礼

1. 握手的意义与要领

现代握手礼通常是先打招呼，然后相互握手，同时寒暄致意。握手礼流行于许多国家，是交往时最常见的一种见面、离别、祝贺或致谢的礼节。握手还可表示向对方进行鼓励、赞扬、致歉等。正确的握手要求是：时间宜短，要热情有力，要目视对方。行握手礼时，不应相隔很远就伸直手臂，也不要距离太近才伸手臂，一般距离为一步左右为宜，上身稍向前倾，伸出右手，四指并齐，拇指张开，双方伸出手相握即可。

2. 握手的 3 要素

① 握手的先后顺序。握手讲究"尊者为先"的顺序，即应由主人、女士、长辈、身份或职位高者先伸手，客人、男士、晚辈、身份或职位低者方可与之相握。

② 握手的力度。握手一般以不握疼对方为限度。握得太紧或太猛，会给人过分热情或故意示威之嫌；握手时仅碰一碰对方的手，会给人缺乏热情、敷衍了事之感。因此，握手要用力适度，久别的老朋友可以握得用力些。

③ 握手的时间。握手的时间长短可根据握手双方的亲密程度灵活掌握。初次见面者，握手时间一般应控制在 3 秒之内，异性之间切忌握住太久不松开，即使同性握手时间也不宜过长，以免尴尬。老朋友或关系亲近的人则可以握得时间长一些。

3. 握手的禁忌

① 用左手相握。

② 在握手时戴着手套或墨镜。只有女士在社交场合戴着薄纱手套握手，才是被允许的。

③ 在握手时另外一只手插在衣袋里或拿着东西。

④ 在握手时面无表情，不置一词或长篇大论，或者点头哈腰、过分客套。

⑤ 在握手时仅仅握住对方的手指尖，好像有意与对方保持距离。正确的做法是要握住整个手掌。对初识的异性，握住对方的手指根部即可。

⑥ 在握手时把对方的手拉过来、推过去，或者上下左右不停晃动对方的手。

⑦ 拒绝和别人握手。即使有手疾或手部汗湿、弄脏了，也要和对方说一下"对不起，我的手现在不方便"，以免造成不必要的误会。

> **小贴士**
>
> #### 握手礼的由来
>
> 握手礼是我们日常生活中最常用到的礼节。握手礼虽然是现代社会普遍应用的礼仪，但是它由来已久。关于握手礼的由来主要说法有以下两种。
>
> 说法一：战争期间，骑士们都身穿盔甲，除两只眼睛外，全身都包裹在铁甲里，随时准备冲向敌人。如果要表示友好，骑士们互相走近时会脱去右手的甲胄，伸出右手，表示没有武器，互相握手言好。后来，这种表示友好的方式流传到民间，就成了握手礼。当今行握手礼也都是不戴手套的，朋友或互不相识的人初识、分别时，先脱去手套，才能施握手礼，以示对对方的尊重。
>
> 说法二：早在远古时代，人们以狩猎为生，如果遇到素不相识的人，为了表示友好，就赶紧扔掉手里的打猎工具，并且摊开手掌让对方看看，示意手里没有藏东西。后来，这个动作被武士们学到了，他们为了表示友谊，不再争斗，就互相摸一下对方的手掌，表示手中没有武器。随着时代的变迁，这个动作就逐渐形成了现在的握手礼。

三、鞠躬礼

"鞠躬"起源于中国，商代有一种祭天仪式"鞠祭"：祭品牛、羊等不切成块，而是将整体弯卷成鞠形，再摆到祭处供奉，以此来表达祭祀者的恭敬与虔诚。这种习俗在一些地方一直保留到现在。人们在现实生活中，逐步沿用"鞠躬"这种形式来表达自己对地位崇高者或长辈的尊敬。

1. 鞠躬礼的含义

鞠躬礼是中国、日本、韩国、朝鲜等国家传统的、普遍使用的一种礼节。鞠躬礼在现代主要表达"弯身行礼，以示恭敬"的意思。鞠躬时上半身弯下的不同程度表达不同的意思，例如：弯 15°左右，表示欢迎和致谢；弯 30°左右，表示诚恳和歉意。

2. 鞠躬礼的分类

鞠躬即弯身行礼，它既适合于庄严肃穆或喜庆欢乐的仪式，又适用于普通的社交和商务活动场合。常见的鞠躬礼有以下 3 种。

（1）三鞠躬。三鞠躬的基本动作规范如下。

① 行礼前应当先脱帽，摘下围巾，身体肃立，目视受礼者。

② 男士的双手自然下垂，贴放于身体两侧裤线处；女士的双手下垂搭放在腹前。

③ 身体上部向前下弯约 90°，然后恢复原样，如此 3 次。

（2）深鞠躬。其基本动作与三鞠躬相同，两者区别在于深鞠躬一般只鞠躬一次即可，但要求弯腰幅度一定要达到 90°，以示敬意。

（3）社交、商务鞠躬礼。其基本动作规范如下。

① 行礼时，立正站好，保持身体端正。

② 面向受礼者，与受礼者距离 2～3 步远。

③ 以腰部为轴，整个上半身向前倾 15°以上，同时问候"您好""早上好""欢迎光临"等。

④ 朋友初次见面、宾主之间、下级对上级及晚辈对长辈等，都可以鞠躬行礼表达对对方的尊敬。

四、致意礼

随着生活节奏的加快，人们越来越讲究效率，烦琐的礼仪有时已不合时宜，但是人们见面时仍需要互相传递感情、表示尊重，于是见面时广泛使用简单快捷的致意礼。致意礼常用于相互熟识的人之间或交往之初以及外交等场合。致意礼一般有微笑致意、点头致意、举手致意、欠身致意和脱帽致意 5 种形式。

1. 微笑致意

微笑可以传递友好，这里值得提醒的是，微笑时你的面部表情跟你的眼神应该是一致的，即面带微笑，眼睛也要带有笑意，否则会被认为是缺少诚意的敷衍行为。微笑致意作为一种礼节，它可以用于与不相识者的初次会面，也可以用于同一场合与老朋友的会面。

2. 点头致意

点头致意是面带微笑，目光注视对方，头微微向下一点，幅度不必过大，上身略微前倾。点头致意适用于不宜交谈的场合，如在会议、会谈进行中，或行礼者看见受礼者正与人谈话，且彼此目光又相遇时，可行点头礼。与相识者在同一场合中，或与有一面之交者在社交场合相遇，也可点头致意。

3. 举手致意

举手致意可分远、近两种方式。远距离举手致意，一般不必出声，只要将右手臂伸直，掌心朝向对方，以手肘为轴轻轻摆动手臂即可。近距离举手致意，即轻轻问候一声，将右手臂手肘弯曲，手掌放在右耳边，掌心朝向对方，以手腕为轴，轻轻摆动手掌即可，近距离举手致意一般用于不便停留交谈的熟人之间。

4. 欠身致意

欠身致意一般用在会议、演出等场合，有尊者入场时，致意者不便起身或使用其他礼节，这时便可使用欠身致意礼向对方表示敬意。在注视致意者的同时，身体的上半部分应略微向前倾斜，如处于坐姿，应将臀部轻轻抬起，上身微微前倾，这是对他人恭敬的一种表现。可以向一个人或者向几个人同时欠身致意。

5. 脱帽致意

与长者、熟人见面时，若戴着有帽檐的帽子，脱帽致意是最为礼貌的。脱帽致意即微欠上身，用距离对方稍远的那只手脱帽，手执帽子并将其置于大约与肩平行的位置，同时与对方交换目光。在有些国家是将帽檐向上轻掀一下以示敬意。

五、介绍礼

在社交活动中，介绍起着非常重要的作用，它是人与人之间相识的一种手段。恰当的介绍可以使不相识的人们相互认识，扩大其社交范围。通过自我介绍，既能够得体地推销自己，又能显示良好的交际风度。介绍礼仪一般可分为以下两种形式。

1. 自我介绍

社交场合中遇到你希望结识的人，又找不到适当的人介绍时，即可自己充当自己的介绍人，将自己介绍给对方，这种介绍礼仪称为主动型的自我介绍。自我介绍应谦逊、简明，把对对方的敬慕之情真诚地表达出来。电话约某人，而又从未与这个人见过面时，要向对方介绍自己的基本情况，还要简略谈一下要约见对方的事由。演讲、发言前，面对听众做自我介绍，最好既简明扼要，又具有特色，利用"首因效应"，给听众留下良好的第一印象。求职应聘或参加竞选时，更需要自我介绍，而且自我介绍的形式可能不止一种，既要有书面介绍材料（个人简历），也要有口头介绍，或详或简，或严肃庄重或风趣幽默等。

2. 他人介绍

谁当介绍人是很有讲究的，不同级别、层次的人当介绍人，给双方的感觉是完全不同的。为他人介绍时必须遵守"尊者优先"的规则，即让地位尊者优先知道对方的情况。团体会见时双方在相互介绍本方人员时，应按职务高低的顺序进行介绍，即先介绍职务高的，再按顺序介绍职务低的。为客户做介绍，一般可由秘书、办公室主任或其他相关人员担任介绍人；双方宾客到第三方熟悉的某家庭做客，由主人做介绍人；为贵宾做介绍，一般应由主人方最高职务者充当介绍人。

■■■ **知识链接** ◆

一次甲应邀去参加一个会议，并进行演讲。演讲开始前，会议主持人将甲介绍给观众，下面是主持人的介绍语："先生们，请注意了。今天晚上我给你们带来了不好的消息。我们本想要求乙来给我们讲话，但他来不了，病了。"（观众席发出嘘声）"后来我们要求丙前来讲话，可他太忙了。"（嘘声）"最后，我们试图请丁，也没有成功。"（嘘声）"但是，最后我们请到了甲。"（掌声）

该案例中会议主持人对甲的开场介绍显然是不礼貌的，让人很尴尬，在这样的正式场合应该直接向观众介绍讲话嘉宾。

知识点拨

对亲属的称呼

对亲属的称呼，有常规与特例之分。

（1）常规称呼。亲属，即与本人有着直接或间接血缘关系者。在日常生活中，对亲属的称呼也已约定俗成，人所共知。例如：父亲的父亲称为"祖父"，父亲的祖父称为"曾祖父"，姑、舅之子称为"表兄""表弟""表姐""表妹"，叔、伯之子称为"堂兄""堂弟""堂姐""堂妹"。对待亲属的称呼，有时讲究亲切，并不一定按照标准称谓称呼。例如：儿媳对公公、婆婆，女婿对岳父、岳母，皆可以"爸爸""妈妈"称呼。这样做，主要意在表示自己与对方亲近。

（2）特例称呼。面对外人，对亲属可根据不同情况采取谦称或敬称，对本人的亲属，应采用谦称。称辈分或年龄高于自己的亲属，可在其称呼前加"家"字，如"家父""家叔""家姐"。称辈分或年龄低于自己的亲属，可在其称呼前加"舍"字，如"舍弟""舍侄"。称自己的子女，可在其称呼前加"小"字，如"小儿""小婿"。

对他人的亲属，应采用敬称。对其长辈，宜在称呼之前加"尊"字，如"尊母""尊兄"。对其平辈或晚辈，宜在称呼之前加"贤"字，如"贤妹""贤侄"。若在其亲属的称呼前加"令"字，一般可不分辈分或长幼，如"令堂""令尊""令爱""令郎"。

对待比自己辈分低、年纪小的亲属，可以直呼其名，使用其爱称或小名，或在其名字之前加上"小"字相称。但对比自己辈分高、年纪大的亲属，则不宜如此。

学以致用

（1）同学们去你家为你庆祝生日，你应该怎样为你的家人做介绍？
（2）你会在什么情况下鞠躬？

第二课　宴会礼仪

至理名言

在宴席上最让人开胃的就是主人的礼节。

——莎士比亚

【应知导航】

（1）宴请客人时应注意的礼仪。

（2）赴宴应注意的礼仪。

（3）吃西餐的礼仪。

【知识探究】

宴请是在社交活动中，尤其是在商务场合中表示欢迎、庆贺、饯行、答谢的方式，是增进友谊和融洽气氛的重要手段。招待宴请活动的形式多样，礼仪繁杂，掌握其礼仪规范是十分重要的。

一、宴请礼仪

1. 宴请的形式

国际上通用的宴请形式有 4 种：宴会、招待会、茶会和工作进餐。每种形式均有特定的规格和要求。

（1）宴会。宴会是指比较正式、隆重的设宴招待，宾主在一起饮酒、吃饭的聚会。宴会是正餐，出席者按主人安排的席位入座进餐，由服务员按专门设计的菜单依次上菜。按其规格又有国宴、正式宴会、便宴和家宴之分。

① 国宴。国宴特指国家元首或政府首脑为国家庆典或为外国元首、政府首脑来访而举行的正式宴会，是宴会中规格最高的。按规定，举行国宴的宴会厅内应悬挂两国国旗，安排乐队演奏两国国歌及席间乐，席间主宾双方致辞、祝酒。

② 正式宴会。正式宴会除不挂国旗、不奏国歌及出席规格与国宴有差异外，其余的安排大体与国宴相同。正式宴会中有时也要安排乐队奏席间乐，宾主均按身份排位就座。许多国家对正式宴会十分讲究，对餐具、酒水、菜肴的道数及上菜程序均有严格规定。

③ 便宴。便宴是一种非正式宴会，常见的有午宴、晚宴，有时也有早宴。便宴的最大特点是简便、灵活，可不排席位、不做正式讲话，菜肴也可丰可俭。便宴有时还可以采取自助餐形式，宾客自由取餐，可以自由行动，更显亲切随和。

④ 家宴。家宴是在家中设便宴招待客人的宴请形式。很多人喜欢采取这种形式待客，以示亲切。家宴也可采用自助餐的形式。家宴的菜肴往往不及正式宴会那么丰盛，但由于通常由主人亲自掌勺，家人共同招待，因而具有亲切、友好的气氛。

（2）招待会。招待会是指一些不备正餐的宴请形式。一般备有食品和酒水饮料，不排固定席位，宾主活动不拘形式。

① 冷餐会。冷餐会这种宴请形式的特点是不排席位，菜肴以冷食为主，也可冷、热兼备，连同餐具一起陈设在餐桌上，供客人自取。客人可多次取用食品，站立进餐，自由活动，边谈边用。冷餐会的地点可在室内，也可在室外花园里。对于年老、体弱者，要准备桌椅，并由服务人员招待。冷餐会适合招待人数众多的宾客。我国举行大型冷餐招待会，往往用大圆桌，设座椅，主桌安排座位，其余各席不固定座位，食品和饮料均事先放置于桌上。招待会开始后，宾客自行进餐。

② 酒会。酒会又称鸡尾酒会，气氛较为活泼，便于宾客广泛交谈接触。酒会的招待品以酒水为主，略备小吃，不设座椅，仅放置小桌或茶几，以便于客人随意走动。酒会举行

的时间也较灵活，中午、下午、晚上均可。酒会请柬上一般均注明起止时间，客人可在此时间内任何时候入席、退席，来去自由，不受约束。鸡尾酒是用多种酒配成的混合饮料，酒会上不一定都用鸡尾酒。鸡尾酒会通常备置多种酒品、果料，但不用或少用烈性酒。饮料和食品由服务员托盘端送，亦有部分放置桌上。

（3）茶会。茶会是一种更为简便的招待形式，它一般在早茶（上午10时左右）、午茶（下午4时左右）时间举行，地点常设在客厅，厅内设茶几、座椅，不排席位。如为贵宾举行的茶会，入座时应有意识地安排主宾与主人坐在一起，其他出席者随意就座。茶会，顾名思义就是请客人品茶，故对茶叶、茶具及递茶方式均有规定和讲究。茶具一般用陶瓷器皿，不用玻璃杯，也不用热水瓶代替茶壶。也有的国家喜欢用红茶，略备点心、小吃，也有不用茶而用咖啡的。

（4）工作进餐。工作进餐是另一种非正式宴请形式，按用餐时间分为工作早餐、工作午餐、工作晚餐，主客双方可利用进餐时间边吃边谈。我国现在也开始在外事工作中广泛使用这种形式。工作进餐多以快餐分食的形式，既简便、快速，又卫生。此类活动一般不请配偶，因为其多与工作有关。双边工作进餐往往以长桌安排席位，其座位与会谈桌座位排列相仿，便于主宾双方交谈、磋商。

2. 宴请者礼仪

一般来说，宴请的组织工作主要包括以下方面。

（1）确定宴请的目的、对象、范围与形式

宴请的目的多种多样，既可以为某个人，也可以为某件事。例如：为某人、某团赴约谈判，为展览会、展销会和订货会的开幕、闭幕，为某工程的破土与竣工等；在商务谈判中，为双方合作的开始或合作的成功或为谈判中某环节、某阶段的问题等。总之，目的要明确。

宴请对象主要是依据主客双方的身份，即主宾双方身份要对等。宴请范围是指请哪方面人士，哪一级别，请多少人，主人一方请什么人作陪。这要考虑宴请的性质、主宾身份、惯例等多方面因素，不能只顾一面。宴请对象和范围确定后，就可草拟具体邀请名单。宴请采用何种形式，很大程度上取决于习惯做法，应根据习惯和需要选择具体形式。目前，各种谈判交际活动中的宴请工作都在简化，范围逐渐变小，形式更加简便，酒会、冷餐会等形式被广泛采用。

（2）确定宴请的时间、地点

宴请的时间应对主、宾双方都适宜。一般不要选择主、宾双方的重大节假日、有重要活动或有禁忌的日子。商务谈判中，宴请时应先征求对方的意见，当面口头约定较方便，也可用电话联系。正式的、隆重的宴请活动的宴请地点一般安排在高级宾馆大厦内，其他可按宴请的性质、规模大小、形式以及主人意愿和实际情况而定，原则上选定的场所要能容纳全体人员。

> **小贴士**
>
> 国际上习惯向夫妇两人发一张请柬，而在我国，如遇须凭请柬入场的场合则应向每人发一张请柬。正式宴会中，最好能在发请柬之前排好席次，并在信封下角注上席次号。请柬发出后，应及时落实出席情况，准确记载，以便调整席位。

（3）发出邀请及请柬格式

① 发出邀请。各种宴请活动，一般都发请柬，这既能体现礼貌，也可起提醒客人备忘之用。请柬一般提前一到两周发出，如有特殊情况还需要再提前，以便被邀请人及早安排。请柬的内容包括活动形式，宴请的时间、地点和主人的姓名。请柬行文不加标点，所提到的人名、单位名、节目名等都应用全称。中文请柬行文中不提被邀请人姓名，其姓名写在请柬封面上。请柬可以印刷也可以手写，但手写字迹要美观清晰。请柬封面上被邀请人的姓名、职务要书写准确。

已经口头约妥的活动，仍应补送请柬，在请柬右上方或下方注上"备忘"字样。需安排座位的宴请活动，应要求被邀者答复能否出席，请柬上一般注上"请答复"字样并注明联系电话，也可通过电话询问其能否出席。

② 请柬格式如下。

正式宴会请柬：

送呈×××先生/女士：

　　谨订于××××年××月××日（星期×）晚××时在××宾馆××楼举行宴会。

敬请光临

普通请柬：

　　谨订于××××年××月××日（星期×）晚××时在××饭店举行宴会。

敬请光临

敬请回复×××

　　　　　　　　　　　　　　　　电话：×××××××××××（主人姓名）

（4）订菜

宴请的酒菜根据宴请形式、规格及规定的预算标准而定。选菜不以主人的爱好为准，应主要考虑主宾的爱好与禁忌。如果宴会上有个别人有特殊要求，也可以为其单独上菜。无论哪种宴请，事先都应列菜单，并征求主管负责人的同意。宴请的菜肴一般都较丰盛。

小贴士

　　点菜时要注意：宗教禁忌；地方禁忌；职业禁忌；个人禁忌。

（5）席位安排

正式宴会，一般都事先安排座次，以便参加宴会者入席时井然有序，同时也是对客人的一种礼貌表现。非正式的宴会不必提前安排座次，但通常就座也要有所区分。安排座位时应考虑以下几点。

① 以主人的位置为中心。以主人为中心，以靠近主人者为上，依次排列。

② 要把主宾和主宾夫人安排在最主要的位置。通常是以右为上，即主人的右手是最主要的位置。离门最远的、面对着门的位置是上座，离门最近的、背对着门的位置是下座，上座的右边是第2号位，左边是第3号位，依次类推。

③ 在遵从礼宾次序的前提下，尽可能使相邻者便于交谈。

④ 主人方的陪客应尽可能插在客人之间，以便与客人交谈。

中餐座位的排法如图 4-1 所示。

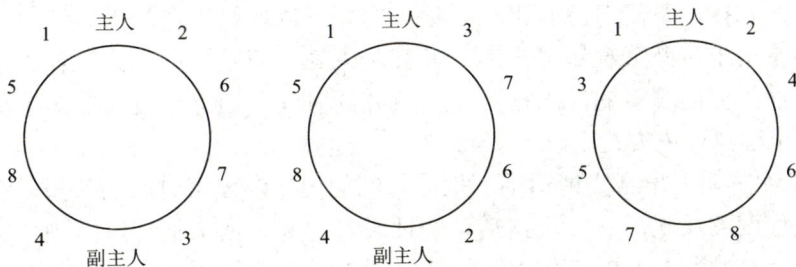

图 4-1　中餐座位的排法

（6）现场布置

宴会厅、休息厅的布置取决于活动的形式与性质。官方的和其他正式的活动场所的布置应严肃、庄重、大方，不要用彩灯、霓虹灯装饰，可以少量点缀鲜花、摆件等。宴会上可用圆桌、长桌或方桌。桌子之间距离要适当，各个座位之间距离要相等。冷餐宴会常将方桌陈设于四周，也可根据情况摆在房间中间。宴会座位要略多于全体人数，以便客人自由就座。酒会一般摆小圆桌或茶几，以便放花瓶、干果、小吃等，也可在四周设些椅子供妇女和年迈体弱者使用。

（7）餐具的准备

总体来说，应根据宴会的人数、菜的道数准备足够的餐具。餐桌上的一切用品要清洁卫生。桌布、餐巾都应清洗洁净并熨平。各种器皿、筷子、刀叉等都要预先洗净擦干。如果是宴会，还应备好每道菜撤换用的菜盘。

（8）宴请程序及现场工作

主人一般在门口迎接客人，客人与主人握手后，由工作人员引导到休息厅，若无休息厅，可直接入宴会厅，但不入座。休息厅内应有相应身份的人员照料客人，由招待人员送饮料给客人。主宾到达后，由主人陪同进入休息厅与其他客人见面。如其他客人尚未到齐，可由其他迎宾人员代表主人在门口迎接。主人陪同主宾进入宴会厅，全体客人就座，宴会即开始。吃完水果，主人与主宾起立，宴会即告结束。主宾告辞，主人应送至门口。主宾离去后，原迎宾人员按顺序排列，与其他客人握手告别。

3. 赴宴者礼仪

赴宴即参加宴请。和宴请宾客一样，在大型谈判交际活动中，赴宴也同样具有重要的作用，因而有必要了解赴宴者参加宴请的一些礼仪。

> **小贴士**
>
> ### 国外宴请程序
>
> 外国人的日常宴请在女性作为第一主人时，往往以她的行动为准。入席时，女主人先坐下，然后由女主人招呼开始进餐。餐毕，女主人起立，邀请女宾与其一起离席。然后男宾起立，随后进入休息厅。男女宾客在休息厅会齐后，即上茶或咖啡。主宾告辞时，主人把主宾送至门口。主宾离去后，迎宾人员按顺序排列，与其他宾客握手告别。

① 应邀。接到宴会的邀请后，要根据邀请方的具体要求，尽早、尽快地答复对方能否出席，以便主人安排。答复对方时可打电话，也可复以便函。在接受邀请之后，不要随意改变决定。如果由于特殊情况不能出席，尤其是主宾，应及早向主人解释、道歉。应邀出席一项活动之前，要向宴请的主人核实宴会举办的时间、地点，是否邀请了配偶，以及主人对服装的要求等，以免失礼。

② 掌握出席时间。出席宴请活动，抵达时间的迟早及逗留时间的长短，在某种程度上是对主人尊重程度的反映，这要根据活动的性质及有关习惯来把握。迟到、早退或逗留的时间过短，都会被视为失礼或有意冷落主人，身份高者可按时抵达，一般客人应略早抵达。在我国，一般应正点或提前 10 分钟或按主人的要求抵达。确实有事需要提前退席时，应向主人说明后悄然离去，或事先向主人打招呼，届时离去。

③ 抵达。抵达宴请地点，先到衣帽间，脱下大衣和帽子，然后前往主人迎宾处，主动向主人问好。如果是庆典活动，应表示祝贺。

④ 入座。应邀出席宴请活动，应听从主人安排，即所谓客随主便。要先弄清自己的桌次、座次再入席，如邻座是年长者与妇女，应主动协助他们先坐下。

⑤ 进餐。入座后，主人招呼，便开始进餐。

⑥ 交谈。无论是主人、陪客或宾客，都应与同桌人交谈，特别是左右邻座。与邻座如不相识，可先做自我介绍。

⑦ 祝酒。作为主宾参加宴请，应了解对方的祝酒习惯，即何人祝酒、何时祝酒等，以便做必要的准备。碰杯时，主宾与主人先碰，人多时可同时举杯示意，不一定碰杯。祝酒时注意不要交叉碰杯。在主人和主宾致辞、祝酒时应暂停进餐，停止交谈，注意倾听。遇到主人和主宾来桌前敬酒时，应起立举杯，碰杯时，要目视对方致意。宴会上互相敬酒可以表示友好、活跃气氛，但切忌喝酒过量，否则会失言失态。

⑧ 宽衣。在社交场合，无论天气如何炎热，不能当众解扣脱衣。小型便宴，如主人请客人宽衣，男宾可脱下外衣搭在椅背上。

⑨ 喝茶或咖啡。通常牛奶、白糖均用单独器具盛放，喝茶或咖啡时如愿意加牛奶、白糖，可自取加入杯中，用小茶匙搅拌后将茶匙放回杯托小碟内。喝茶或咖啡时用右手拿杯把，左手端小碟。

⑩ 水果。吃水果时，不要整个拿着咬食，要根据水果的不同特点，先借助水果刀进行分解，然后再食用。

⑪ 水盂。在宴席上，上鸡、龙虾、水果时，有时会送上一个小水盂（铜盆或水晶玻璃缸），水盂内水中漂有玫瑰花瓣或柠檬片，供洗手用。洗手时两手轮流沾湿手指，轻轻涮洗，然后用餐巾或小毛巾擦干。

⑫ 纪念物品。有的主人为每位出席者备有小纪念品或一朵小鲜花，宴会结束时，主人要招呼客人带上。如有此种情况，客人可说一两句赞扬小礼品的话，但不必郑重致谢。除了主人特别示意作为纪念品的东西外，各种招待用品，包括糖果、水果等，都不要拿走。

⑬ 致谢。若是正式宴会，除了在宴会结束告辞时向主人表达谢意之外，还可在两三天内以送达印有"致谢"字样的名片或便函向主人表示感谢。有时私人宴请也需致谢，名片可寄送或亲自送达。

> **小贴士**
>
> 　　参加宴会最好不要中途离去，万不得已时应向同桌的人说声对不起，同时还要郑重地向主人道歉，说明原委。吃完之后，应该等大家都放下筷子，主人示意可以散席时，才能离座。宴会完毕，可以依次走到主人面前，握手并致谢，向主人告辞，但不要拉着主人的手不停地说话，以免妨碍主人送其他客人。

　　⑭ 冷餐会与酒会的取菜。在冷餐会或酒会上，招待员上菜时，不要抢着去取，待送至自己面前时再拿。周围人没有拿到前一份时，自己不要急于取下一份。勿停留在菜桌旁边，取完即退开，以便让别人去取。

　　⑮ 意外情况。宴会进行中，发生意外情况时，如用力过猛，使刀撞击盘子发出声响，或餐具摔落，或打翻酒水等，要向邻座人说声"对不起"。餐具掉落，可让招待员另送一副；若打翻的酒水等溅到邻座人身上，应表示歉意，并协助处理，或把餐巾或手帕递给对方，由对方自己处理。

　　⑯ 退席。退席在宴会进行中是一个容易引人注目的举动。退席的时间要把握好，通常是在大家都吃完之后。若确有要紧的事必须提前走，可以向主人和其他客人说明原因后告辞，同时请大家多待会儿。临走时应向主人道谢，对其他客人点头示意。

　　退席时有 5 点需要注意：第一，如果你已提出退席，就应立即从座位上站起，不要嘴里说走，身子却坐着不动；第二，告知退席并致谢后，不要拉住主人聊个没完，影响主人照顾其他客人；第三，退席的男宾应先与男主人告别，然后向主人的其他家庭成员告别，女宾则相反；第四，如果同时退席的人数较多，只需与主人微笑握手言谢就可以了；第五，进餐完毕，应让第一主人、第一主宾先起身离席，其他人员随后依次离席。离席时，年轻者应主动照顾年长者，让他们先行离席。

二、就餐礼仪

1. 中餐礼仪

　　餐饮是一种常见的社交活动，中国餐饮文化很丰富，中国人热情好客，很讲究餐饮礼仪。中餐宴会是指具有中国传统民族风格的宴会，符合中国人的饮食习惯和礼仪规范。

　　（1）宴会的基本礼仪

　　作为应邀参加宴会的客人，如时赴约、举止得当、讲究礼节，是对主人的尊重。另外，还应注意以下几个问题。

　　① 服饰。客人赴宴前应根据宴会的目的、规格、对象、风俗习惯或主人的要求考虑自己的着装，着装不得体，会影响宾主的情绪，影响宴会的气氛。

　　② 进餐。进餐时举止要文明礼貌，不马食，不牛饮，不虎咽，不鲸吞，嚼食物不出声，嘴唇边不留痕，骨与秽不乱扔。面对一桌子美味佳肴，不要急于动筷子，须等主人说"请"之后客人才能动筷。主人举杯示意开始，客人才能用餐。如果酒量还能够承受，对主人敬的第一杯酒应喝干。同席的客人可以相互敬酒，但不能以任何方式强迫对方喝酒，否则是失礼。自己不能喝酒时，可以谢绝。夹菜、进食时有 5 点需要注意：一是使用公筷；二是夹菜适量，不要取得过多，以免浪费；三是在自己跟前取菜，不要伸长胳膊去够远处的菜；四

是不能用筷子随意翻动盘中的菜；五是进食时尽可能不要咳嗽、打喷嚏、打呵欠、擦鼻涕，万一不能抑制，要用手帕、餐巾纸遮挡口鼻，转身将脸侧向后方，低头并将声音尽量压低。

③ 点菜。如果主人安排好了菜，客人就不要再点菜了。如果参加一个尚未安排好菜品的宴会，需要注意点菜的礼节。点菜时，不要选择太贵的菜，同时也不要刻意点太便宜的菜，按自己真实喜好选择即可。

> **小贴士**
>
> 中国最具有代表性的8大菜系是鲁菜、川菜、粤菜、闽菜、苏菜、浙菜、湘菜和徽菜。

一般情况下，标准的中餐菜单结构包括前菜（开胃菜）、主菜、面类或米饭、点心（甜点）。

前菜通常是由4种冷盘组成的大拼盘，有时种类可多达10种。有时冷盘之后会接着出4种热盘。

主菜紧接开胃菜之后，又被称为大件或大菜。如菜单上注明有"八大件"，则表示共有8道主菜。主菜的道数通常是4、6、8等偶数，因为中国人认为偶数是吉数。在豪华的餐宴上，主菜有时多达16道或32道，但普通餐宴多是6～12道。这些菜肴是使用不同的材料，配合酸、甜、苦、辣、咸5味，以炸、蒸、煮、煎、烤、炒等各种烹调法制作而成的，其出菜顺序多以口味清淡和浓腻交互搭配，或以干烧和汤类搭配为原则。

（2）其他礼仪

① 餐巾的用法。通常餐厅都会为顾客准备餐巾，要等坐在上座的尊者拿起餐巾后，其他客人才可以取出餐巾并平铺在腿上，特别注意动作要小。餐巾很大时可以叠起来使用，不要将餐巾别在领上或背心上。餐巾的主要作用是防止食物落在衣服上，所以最多只能用餐巾的一角印一印嘴唇，不能拿整块餐巾擦脸、擦鼻涕，也不要用餐巾擦餐具。如果暂时离开座位，可将餐巾叠放在椅背或椅子扶手上。用完餐，可将餐巾叠一下放在桌子上。

② 酒水的礼仪。一般餐桌上会为每位用餐者准备茶水、饮料和酒，通常茶水、饮料、酒在右侧，饮用时尽量不要拿错。主人，特别是陪同人员，在宴会进行期间要为客人斟酒上菜，且应该从客人左侧上菜，从客人右侧斟酒。

> **小贴士**
>
> 斟酒与上菜不同，上菜在左，但斟酒在右，酒只需斟至酒杯容量的2/3即可。大多数宴会上只用一种酒。中式宴会从开始上冷盘即开始饮酒。西餐酒饮多随奶酪或甜食一起上桌，酒瓶置于男主人面前，酒杯可与酒同时上桌，也可在布置餐品时预先摆好。男主人坐在自己的椅子上，先为右侧客人斟酒，然后给自己斟一杯，再把酒瓶按顺时针方向递给左侧客人斟酒。

常见的酒类有白酒、啤酒、红酒、保健药酒等。

2. 西餐礼仪

（1）预约的窍门。预约时，不仅要说清人数和时间，还要说明是否要视野良好的座位。

如果是为生日或其他特别的日子预约，可以告知宴会的目的和预算。在预定时间内到达，是基本的礼貌。

（2）着装要求。西餐礼仪很重视出席宴会时的服饰搭配，所以即使你有再好的休闲服也不要在西餐厅里穿。男士要穿整洁的上衣和皮鞋；女士要穿套装和有跟的鞋子。如果指定着装为正式服装的话，男士必须打领带。

（3）入座要求。最得体的入座方式是从左侧入座。当椅子被拉开后，身体在几乎要碰到桌子的距离站直，领位者会把椅子推进来，腿弯碰到后面的椅子时，就可以坐下。

（4）用餐姿势。用餐时，上臂和背部要靠到椅背，腹部和桌子保持约一个拳头的距离，两脚交叉的坐姿最好避免。

（5）上菜顺序。正式的全套餐点上菜顺序是：①菜和汤；②水果；③肉类；④乳酪；⑤甜点和咖啡；⑥水果。点菜时没有必要全套餐都点，点太多却吃不完反而失礼，前菜、主菜（鱼或肉择其一）加甜点是最恰当的组合。点菜并不是由前菜开始，而是先选一样最想吃的主菜，再配上适合主菜的前菜或汤。

（6）点酒。一些餐厅里，会有调酒师拿酒单来，对酒不大了解的人，最好告诉调酒师自己挑选的菜色、预算和喜爱的酒类口味，请调酒师帮忙挑选。按照西餐的传统，主菜若是红肉（如牛肉）则应搭配红葡萄酒，白肉（如鱼类）则搭配白葡萄酒。上菜之前，也可以来杯香槟、雪莉酒或基尔酒等口味较淡的酒。

（7）摆台。国际上常见的西餐摆台方法是：座位前正中是垫盘，垫盘上放餐巾（口布）。盘左放叉，盘右放刀、匙，刀尖向上、刀刃朝盘，主食靠左，饮具靠右上方。正餐的刀叉数目应与上菜的道数相等，并按上菜顺序由外至里排列，用餐时也从外向里依序取用。饮具的数目、类型应根据上酒的品种而定，通常的摆放顺序是从右起依次为葡萄酒杯、香槟酒杯、啤酒杯（水杯）。

（8）握杯的方法。需要酒类服务时，通常先由服务员负责将少量酒倒入酒杯中，让客人鉴别一下品质。客人一般只需喝一小口并回答"好"，服务员就会来倒酒。这时，不要动手去拿酒杯，而应把酒杯放在桌上由服务员倒酒。饮酒时，为避免手的温度使酒温增高，正确的握杯姿势应是用手指轻握杯脚。即用大拇指、中指、食指握住杯脚，小指放在杯子的底台固定。

（9）饮酒的方法。饮酒时绝对不能吸着喝，而是应倾斜酒杯，将酒轻轻倒入口中。饮用前，轻轻摇动酒杯，让酒与空气接触以增加酒的醇香，但不要猛烈摇晃杯子。此外，一饮而尽或边喝边透过酒杯看人，都是不礼貌的行为。女士不要用手指擦杯沿上的口红印，用面巾纸擦较好。

（10）喝汤的方法。喝汤时先用汤匙由后往前将汤舀起，汤匙的底部放在下唇的位置将汤送入口中，汤匙与嘴部呈45°较好。喝汤时的坐姿应保持身体的上半部略微前倾。盘中的汤剩下不多时，可用手指将盘略微抬高再用汤匙舀汤。如果汤用有握环的碗盛装，可直接拿住握环端起来喝。

小贴士

喝汤时非常忌讳发出"呼噜呼噜"的声响。

（11）面包的吃法。吃面包时，先用两手将面包撕成小块，再用左手拿来吃。吃硬面包时，用手撕不但费力而且面包屑会掉满地，此时可用刀先将面包切成两半，再用手撕成块来吃。

（12）沙拉的吃法。在西餐中，沙拉是头盘菜的理想选择，它既爽口又开胃。盛沙拉一般用沙拉盘，平盘、深盘都可以，一般讲究的餐厅还要摆上刀和叉。当沙拉和主食一同上桌时，把沙拉盘放在主菜盘的左侧，这时一般只放一把叉子。

在吃沙拉的过程中遇见叶片比较大的蔬菜，要先用刀和叉将菜折起来，然后用叉子送入口中。

（13）鱼的吃法。鱼肉极嫩易碎，因此吃鱼时餐厅常不备餐刀而备专用的汤匙。这种汤匙比一般喝汤用的稍大，不但可切分菜肴，还能将调味汁一起舀起来吃。在吃鱼时，首先用刀在鱼鳃附近划一条直线，刀尖不要划透，划入一半即可。将鱼肉挑开后，从头开始，用刀叉在骨头下方，往鱼尾方向划开，把鱼骨剔掉并挪到盘子的一角，最后再把鱼尾切掉，由左至右，边切边吃。

（14）其他肉类的吃法。在食用其他肉类时，需要注意以下5个方面。

① 所选肉类的生熟程度。法国料理中所使用的肉有牛、猪、羊、鸡、鸭等，种类相当多，烹饪方式分为烧、烤、蒸、煮等多种形式。打开菜单，烤小羊排、烤鸭、焖牛肉等各样的肉类料理名称琳琅满目地排列在一起，而且吃法很有讲究。

首先必须记住的是排餐的用餐方法。排餐可以说是自古以来的肉类料理代表，排餐的吃法自然也就成为其他肉类料理的基本食用形式，所以最好下点功夫研究。比如，点用牛排时，首先服务生会询问你想要的生熟程度，然后会依你所喜欢的料理方式供应。

牛排的生熟程度，在西餐中称"几成熟"。

3成熟。切开牛排见断面仅上下两层呈灰褐色，中间约70%的肉为红色并带有大量血水，最能品尝牛肉的鲜美。

5成熟。切开牛排见断面中央约50%的肉为红色，带少量血水，是品尝牛排的最佳熟度。

7成熟至9成熟。切开牛排见断面中央只有一条较窄的红线，肉中血水已近干，是大众选择较多的熟度。

全熟。切开以后渗出少量清澈的肉汁，肉质变得稍硬，一般不推荐选择。

全白。全白是在全熟的基础上更进一层，切开后肉质呈白色，是个别人的需求，也不推荐。

西方人爱吃较生口味的牛排，由于这种牛排含油适中又略带血水，口感甚是鲜美。

东方人更偏爱7成熟的牛排，因为其饮食习惯更偏向熟食，认为血水越少越好。

排餐用餐时，以叉子从左侧将肉叉住，再用刀沿着叉子的右侧将肉切开，如切下的肉无法一口吃下，可直接用刀将肉块再切小一些，切成刚好一口大小的肉，然后直接用叉子送入口中。

② 用刀压住肉时的力度。为了轻松地将肉切开，首先就要放松肩膀，并用叉子将肉牢牢叉住。再以刀轻轻地慢慢地前后划动。需注意用力点是在刀切进肉块的时候，而不是刀来回划动时。

③ 将调味酱放在盘子内侧。点排餐时，会附带一杯调味酱。在正式的场合中，调味酱应是自行取用，而非麻烦服务生服务。

首先将调味酱钵拿到盘子旁边，然后用汤勺取调味酱，要注意不要将酱料滴到桌布上。调味酱不可以直接淋在牛排上，应取适量放于盘子内侧，再将肉切成一口大小蘸着酱料吃。

调味酱的量约以两汤匙最为适宜。取完调味酱后，将汤勺放在调味酱钵的侧边，并传给下一个人。

④ 从左侧开始切。不可一开始就将肉全部切成一块一块的，否则好吃的肉汁就会全部流出来。如果用叉子叉住肉的左侧却从肉的右侧开始切，会很难将肉切开。因左手拿叉子，所以从左侧开始切才合适。如果切得太用力，在切开时会因刀与盘子碰撞而发出很大的声音，因此用力要适度。

⑤ 点缀的蔬菜也要全部吃完。放在牛排旁边的蔬菜不只是为了装饰，同时也是基于营养均衡的考虑而添加的。

（15）使用刀叉的方法。使用刀叉的基本原则是右手持刀或汤匙，左手拿叉。若有两把以上的刀叉，应由最外面的一把依次向内取用。刀叉的拿法是轻握尾端，食指按在柄上。汤匙则用握笔的方式拿即可。拿刀叉时，如果感觉不方便，可以换右手拿叉，但不要频繁更换。吃体积较大的蔬菜时，可用刀叉来分切。吃较软的食物时，可将食物放在叉子上，用刀整理一下后食用。

> **小贴士**
>
> 　　刀叉有不同的规格，需要按照不同用途来选择不同尺寸的刀叉。吃肉时，不管是否要用刀切，都要使用大号的刀。吃沙拉、甜食或一些开胃小菜时，要用中号刀。叉或勺一般随刀的大小而变。喝汤时，要用大号勺，而喝咖啡和吃冰激凌时，则用小号勺。

（16）刀叉的摆法。在吃西餐时，刀叉的摆放是有含义的，用餐意愿均可通过刀叉的摆放来传达。

① 尚未用完餐。盘子没空，如你还想继续用餐，把刀叉放在餐盘左右两侧，大约呈三角形，那么服务员就不会把你的餐盘收走。

② 已经用完餐。可以将刀叉平行放在餐盘的同一侧。这时，即使你盘里还有食物，服务员也会明白你已经用完餐了，会在适当的时候把盘子收走。

③ 想要添菜。盘子已空，如还想用餐，把刀叉分开放，大约呈八字形，那么服务员会再给你添菜。这种摆法只有在准许添菜的宴会上或在食用有可能添加的那道菜时才适用。如果每道菜只有一盘，就没有必要把餐具摆成八字形。

3. 自助餐礼仪

自助餐的特点是不设固定席位，可以任选座位，甚至站着也可以。自助餐形式活泼，便于彼此的交流，其菜肴、食品连同餐具都摆设在桌上，任由客人自取。在食用自助餐时也要注意礼仪，一次不宜取太多的食物，不够可以再添，如果取得太多，吃不完造成浪费，就显得很失礼了。另外，要把骨头、鱼刺等食物残渣拨到盘子一边。吃自助餐时，不能将食物带出餐厅。

■ 知识链接 ■

小圆正在一家外贸公司财务部实习。近日，为外国客户庆祝其节日，公司举办了大型的西式自助餐会，邀请了外国客户和公司的全体员工一同参加。餐会一开始，小圆端起面前的盘子去取菜，之后却发现那是装食物残渣的盘子；为节省取食的时间，小圆从离自己最近的水果沙拉开始吃，而此时同事们都在吃凉菜，小圆只好开玩笑说自己"在减肥"；走到餐桌前，小圆拖开椅子，从右边入座；吃到一半，她放下刀叉稍作休息，不料服务员走过来将没有吃完的菜给收走了。

知识点拨

案　例

小王为答谢好友李先生一家，夫妻两人在家设宴。女主人的手艺不错，清蒸鱼、炖排骨、可乐鸡翅、板栗烧肉……一大桌菜备好之后，李先生一家姗姗来迟，比约定时间晚到了近半个小时。开宴后，李先生一家吃得津津有味，因为钟爱红烧肉，李先生不时翻弄盘子里的菜，从板栗烧肉的盘子里仔细挑出自己爱吃的肉。这时，有肉丝塞进了李先生的牙缝，于是李先生顺手拿过桌上的牙签当众剔起了牙，还顺势将剔出来的食物残渣吐在了桌上的烟灰缸里。看到这番景象，小王夫妇一点胃口也没有了。

案例分析：

参加宴会的礼仪是非常重要的，它体现着自己的修养。下面根据宴会礼仪规范来具体分析李先生的行为。

① 李先生应邀参加小王的家宴，原本应正点或比约定时间提前2～3分钟到达，但是却迟到了近半个小时，这是很失礼的行为。

② 就餐时应就近夹菜，并且不能随意翻动桌上的菜，不能只吃自己喜欢的菜。

③ 如遇到特殊情况，比如菜塞牙缝，可吃完饭后私下处理，或者避开餐桌，用纸巾挡住处理，不能当众剔牙，更不能当众吐出来。

■ 学以致用 ■

（1）判断正误。
① 宴会上，若食物太热，可以用嘴吹凉。　　　　　　　　　　　　　　（　　）
② 宴会上，最好不要在嘴里含着食物时说话。　　　　　　　　　　　　（　　）
③ 在正式宴会上，只要一落座就应打开餐巾。　　　　　　　　　　　　（　　）
④ 在进餐前，可以用餐巾擦碗、筷、杯等，以保证其干净。　　　　　　（　　）
⑤ 吃西餐，刀叉并用时右手持刀，左手持叉。　　　　　　　　　　　　（　　）
⑥ 参加宴请时，嘴里有鱼刺、肉骨头等可以直接外吐。　　　　　　　　（　　）
（2）如何准备宴会？
（3）如何进行宴会的桌次、座次安排？

第三课　馈赠礼仪

投我以桃，报之以李。

——《诗经·大雅·抑》

【应知导航】

（1）馈赠的基本原则。

（2）馈赠的实用性原则的含义。

（3）回赠礼品时需要注意的事项。

【知识探究】

中华民族素来重交情，古代就有"礼尚往来"之说。亲友和商务伙伴之间的正当馈赠是礼仪的体现、感情的物化。在正常的交际活动中，用以增进友情的合理、适度的赠礼与受礼是必要的。

一、馈赠的起源与意义

1. 馈赠的起源

人们相互馈赠礼物，是人类社会生活中不可缺少的交往内容。馈赠，是与其他一系列礼仪活动一同产生和发展起来的。我们知道，礼起源于远古时期的祭祀活动。在祭祀时，人们除了用规范的动作、虔诚的态度向神表示敬畏外，还将自己最有价值、最能体现对神的敬意的物品奉献给神。也许从那时起，在礼的含义中，就开始有了物质的成分和表现，即礼可以以物的形式出现。关于礼物这个概念，还有人说它最初来源于古代战争中部落兼并而产生的"纳贡"，也就是被征服者定期向征服者送去食物、奴隶等，以表示对征服者的服从和乞求征服者的庇护。史书中曾有因礼物送得不及时或不周到而引发战争的记载。如春秋时期，因楚国没有按时向周天子送一车茅草，而引发了中原各国联盟大举伐楚的战争。还有人认为，最初的礼就是一种商业性质的物品的来往交换，原始的"礼尚往来"，实质上就是以礼品的赠予酬报的方式进行的产品交换。

2. 馈赠的意义

在现代人际交往中，礼物仍然是人们往来的有效媒介之一，它像桥梁和纽带一样直接明显地传递着情感和信息，深沉地寄托着人们的情意，无言地表达着人与人之间的真诚关爱，久远地记载着人间的温暖。

二、馈赠的目的与基本原则

馈赠作为社交活动的重要手段之一，受到古今中外人士的普遍肯定。"以物表情，礼载于物"，馈赠作为一种非语言的重要交际方式，以物的形式出现，起到寄情言意的"无声胜有声"的作用。得体的馈赠，恰似无声的使者，给交际活动锦上添花，给人们之间的感情和友谊注入新的活力。礼物送给谁、为什么送、如何送、送什么、何时送、在什么场合送，均应慎重考虑，因此，我们只有在明确了馈赠目的和遵循馈赠基本原则的前提下，才能真正发挥馈赠在交际中的重要作用。

1. 馈赠的目的

任何馈赠都是有目的的，或为交结友谊，或为祝颂庆贺，或为酬宾谢客。

（1）交际。为达到交际目的而进行的馈赠，有以下两个特点。

① 送礼的目的与交际目的一致。无论是个人还是组织机构，在社交中为达到一定目的，可以向交往中的关键人物和部门赠送一定礼品。

② 礼品的内容与送礼者的形象一致。礼品的选择，一个非常重要的原则就是要使礼品能反映送礼者想传达的寓意和思想感情的倾向，并使礼品表达的寓意和思想倾向与送礼者的形象有机地结合起来。

（2）巩固和维系人际关系。这类馈赠，即为人们常说的"人情礼"。在人际交往过程中，无论是个人间的交往还是组织机构间的来往，必然会产生各类关系和各种感情。人与生俱来的社会性，又要求人们必须重视这些关系和感情，因而，围绕着如何巩固、维系人际关系和感情这一问题，人们采取了许多办法，其中之一就是馈赠。这类馈赠，强调礼尚往来，以"来而不往非礼也"为基本行为准则。因此，这类馈赠，在礼品的种类、价值的轻重、档次的高低、包装的精美、蕴涵的情义等方面都呈现出多样性和复杂性。在民间交际中尤其具有重要且特殊的作用。

（3）酬谢。这类馈赠是为了答谢他人的帮助，因此在礼品的选择上十分强调其物质价值。首先，礼品的价值取决于他人帮助的性质，帮助的性质分为物质的和精神的两类，一般来说，物质的帮助往往是有形的，能估量的；而精神的帮助则是无形的，难以估量的，然而其作用又是相当大的。其次，礼品的价值取决于帮助的目的，是慷慨无私的，还是公私兼顾的。最后，礼品的价值取决于帮助的时机，一般情况来说，危难之中最见真情，因此，得到帮助的时机是日后酬谢他人的最重要的衡量标准。

（4）公关。这种馈赠，表面上看来不求回报，而实质上其索取的回报会更深地隐藏在其后的交往中，是一种为达到某种目的或达成某项协议而用礼品的形式进行的活动。这种馈赠多发生在对经济利益、政治利益和其他利益的追逐活动当中。

2. 馈赠的基本原则

"折柳相送"常为文人津津乐道，因为柳的寓意有三：一为挽留（"留"与"柳"谐音）；二为柳枝在风中飘动的样子如人惜别的心绪；三为祝愿友人如柳树一般能随遇而安。

馈赠作为社交活动的重要手段之一，为古今中外人士普遍肯定。大凡送礼之人，都希望自己所送礼品能寄托和表达对受礼者的敬意和祝颂，并使交往锦上添花。然而，有时所赠礼品非但达不到这种目的，反而会阻碍交往。因此，认真研究和把握馈赠的基本原则，是馈赠活动得以顺利进行的重要前提条件。

（1）轻重原则。轻重得当，以轻礼寓重情。通常情况下，礼品的贵贱厚薄，往往是衡量送礼人的诚意和交往者间情感浓烈程度的重要标志。然而礼品的贵贱厚薄与其物质的价值含量并不总成正比。因为礼物是言情寄意的载体，它仅仅是人们情感的寄托物。人情无价而物有价，有价的物只能寓情于其身，而无法等同于情，也就是说，就礼品的价值含量而言，礼品既有其物质的价值含量，也有其精神的价值含量。"千里送鹅毛"的故事在我国妇孺皆知，被标榜为礼轻情意重的楷模。在这里，如果仅就这些礼物本身的物质价值而言，的确是很轻的，对于受礼人来说甚至是微乎其微的，然而它所寄予的情义却是厚重的。我们提倡"君子之交淡如水"，提倡"礼轻情意重"，但是，当我们因种种原因陷入"人情债务链"时，则既要注意礼品代表的情意，又要入乡随俗地根据馈赠目的和自己的经济实力，择定不同物质价值的礼物。总之，除非是有特殊目的的馈赠，其他馈赠礼物的贵贱厚薄都应以对方能愉快接受为尺度。

■ 知识链接 ■

传说，"千里送鹅毛"的故事发生在唐朝。当时，云南一少数民族的首领为表示对唐王朝的拥戴，派特使缅伯高向太宗贡献天鹅。过沔阳湖时，好心的缅伯高把天鹅从笼子里放出来，想给它洗个澡。不料，天鹅展翅飞向高空。缅伯高忙伸手去捉，只扯得几根鹅毛。缅伯高急得顿足捶胸，号啕大哭。随从们劝他说，已经飞走了，哭也没有用，还是想想补救的方法吧。缅伯高一想，也只能如此了。

到了长安，缅伯高拜见唐太宗，并献上礼物。唐太宗见是一个精致的绸缎小包，便令人打开，一看是几根鹅毛和一首小诗，诗中叙述了本应上贡的天鹅的丢失经过及缅伯高的愧疚。

唐太宗看了那首诗，又听了缅伯高的诉说，非但没有怪罪于他，反而认为他不辱使命，赏赐了他。

后来，人们使用"千里送鹅毛"这一谚语，来说明礼物虽薄，但蕴含的情谊深厚。

（2）时机原则。就馈赠的时机而言，及时适宜是最重要的。中国人很讲究"雨中送伞""雪中送炭"，即十分注重送礼的时效性，因为只有在最需要时得到的才是最珍贵的、最难忘的。因此，要注意把握好馈赠的时机，包括时间的选择和机会的择定。一般来说，送礼时间贵在及时，超前或滞后都达不到馈赠的目的；送礼机会贵在事由和情感及其他需要的程度，"门可罗雀"时和"门庭若市"时，人们对馈赠的感受会有天壤之别。所以，对于处境困难者的馈赠，其所表达的情感就更显真挚和高尚。

（3）实用性原则。当礼以物的形式出现时，礼物本身也就同一切物品一样，具有了实用价值。就礼品本身的实用价值而言，人们经济状况不同，文化程度不同，追求不同，对于礼物的实用性要求也就不同。一般来说，物质生活水平的高低，决定了人们精神追求的不同。在物质生活水平较低时，人们多喜爱实用性强的礼品，如食品、衣物、现金等；在生活水平较高时，人们则更喜爱艺术欣赏价值较高、趣味性较强和具有思想性、纪念性的物品作为礼品。因此，应考虑受礼者的物质生活水平，有针对性地选择礼品。

（4）投好避忌的原则。就礼品本身所引发的直接结果而言，由于民族习惯、生活经历、宗教信仰以及性格、爱好的不同，不同的人对同一礼品的态度是不同的，或喜爱，或忌讳，或厌恶。因此，在馈赠时要把握住投其所好、避其禁忌的原则，尤其强调要避其禁忌。禁忌是一种不系统的、非理性的、作用极大的心理和精神倾向，对人的活动影响强烈。当自己的禁忌被违犯时，无论对方是有意的还是无意的，自己心中的不快、不满甚至愤恨是不言而喻的。当我们冒犯到别人的禁忌时，就会引起纠纷，甚至冲突。所以，馈赠前一定要了解受礼者的喜好，尤其是禁忌。例如：俗话说"好事成双"，因而凡是大贺大喜之事，馈赠之礼，均好双忌单，但有人则忌讳"四"这个偶数，因为"四"与"死"的发音相近，让人感觉不吉利。再如：白色虽有纯洁无瑕之意，但一些人比较忌讳，因为在我国，白色常是悲哀之色和贫穷之色；同样，黑色也被视为不吉利之色，是凶灾之色、哀丧之色；而红色，则是喜庆、祥和、欢庆的象征，受到人们的普遍喜爱。另外，在我国还常常讲究不能给老人送钟，夫妻间或恋人间不能送梨，因为"钟"与"终"谐音，"梨"与"离"谐音，是不吉利的。

知识链接

　　国内某家接待外国游客的旅行社，有一次准备在接待来华的意大利游客时送每人一件小礼品。于是，该旅行社向杭州某厂订购了一批真丝手帕，每个手帕上还绣有花草图案，十分美观大方。中国丝织品闻名于世，料想会受到客人的喜欢。作为礼品的手帕装在特制的包装盒内，盒上还印有旅行社社徽。

　　该旅行社接待人员带着盒装的真丝手帕，到机场迎接来自意大利的游客并向他们致以热情、得体的欢迎词。在车上他代表旅行社赠送给每位游客两盒包装甚好的手帕作为礼品，但没想到车上一片哗然，议论纷纷，游客们显得很不高兴的样子，特别是一位夫人，大声叫喊，表情极为气愤，还有些伤感。旅行社接待人员心慌了，好意送人家礼物不但得不到感谢，还出现这般景象。原来，在意大利有这样的习俗，亲人离别时才送手帕，取意为"擦掉惜别的泪水"。而意大利游客刚刚踏上盼望已久的中国大地准备开始愉快的旅行，旅行社就送上代表"离别"的手帕，这一行为引发了他们不悦的情绪。

三、馈赠与回赠礼仪

1. 馈赠礼仪

　　要使交往对象愉快地接受馈赠，并不是件容易的事情。因为即便你是在馈赠原则指导之下选择了礼品，如果不讲究赠礼的艺术和礼仪，也很难使馈赠成为社会交往的手段，甚至会适得其反。那么，馈赠时应注意哪些礼仪呢？

　　（1）注意礼品的包装。精美的包装不仅使礼品的外观更具艺术性和高雅的情调，并显现出赠礼人的文化和艺术品位，而且还可以使礼品产生一定的神秘感。一件有精美包装的礼品既有助于交往，令双方愉快，又能引起受礼人的兴趣和探究心理及好奇心理。好的礼品若没有讲究的包装，不仅会使礼品逊色，而且还易使受礼人轻视礼品的内在价值，而无谓地折损了由礼品所寄托的情谊。

　　（2）注意赠礼的场合。赠礼场合的选择，是十分重要的。尤其那些出于酬谢、应酬或有特殊目的的馈赠，更应注意赠礼场合的选择。通常情况下，当众只给一群人中的某一个人赠礼是不合适的。因为那会使受礼人有尴尬之感，而且会使没有收到礼物的人有受冷落和受轻视之感。

小贴士

对外接待"八不送"

第一，不送现金、信用卡和有价证券；第二，不送价格过高的奢侈品；第三，不送不合时尚、不利健康之物；第四，不送易使异性产生误解之物；第五，不送触犯受赠对象个人禁忌之物；第六，不送涉及国家机密之物；第七，不送其他有违国家法律、法规之物；第八，不送不道德之物。

给关系密切的人送礼也不宜在公开场合进行。只有那些能表达特殊情感的特殊礼品，才能在公众面前赠予，因为这时公众已变成你们真挚情义的见证人。

赠礼是为了巩固和维持双方的关系，所以赠礼也必须是有针对对象的。赠礼时应当着受礼人的面，以便于观察受礼人对礼品的感受，并适时解答和说明礼品的功能、特性等，还可有意识地向受礼人传达你选择礼品时独具匠心的考虑，从而激发受礼人真切的感激和喜悦之情。

（3）注意赠礼时的态度、动作和言语表达。只有平和友善的态度和落落大方的动作，并伴有礼节性的语言表达，才是赠受礼双方都乐于接受的。将礼品悄悄置于桌下或房中某个角落的做法，不仅达不到馈赠的目的，可能还会适得其反。

（4）注意赠礼的具体时间。一般来说，应在相见或道别时赠礼。

（5）受礼礼仪。受礼者在收到礼品后应注意以下几点。

① 受礼者收下礼品后表示感谢。受礼者一般可赞美礼品的精致、优雅或实用，夸奖赠礼者的周到和细致，并伴有感谢之词。

② 受礼者双手接过礼品。受礼者视具体情况或拆看礼品或只看礼品外包装，还可伴有对赠礼人介绍礼品功能、特性、使用方法等内容的邀请，以示对礼品的喜爱。

③ 只要不是贿赂性礼品，受礼者最好不要拒收。既然别人想送你礼物，一定是关系较为亲密或者是尊敬你的人，所以最好不要拒绝，可以找机会回礼。

2. 回赠礼仪

礼尚往来是人之常情，因此，受礼后常需回赠礼品。回赠需要注意以下几点。

（1）记清所收礼品

当有重大庆典，送礼者很多的时候，应采用登记形式，作为日后还礼的依据。

（2）选择适当时机

如受礼者在自己过生日时收了礼物，可以等到赠礼人生日时回赠，也可以找其他缘由回赠。

（3）选择适当礼品

一般还礼的礼品与所收的礼品价值差不多即可，但也要注意选择礼品的技巧，不能让别人感觉是为了还礼而还礼。

知识点拨

案　例

一位妻子十分想在结婚纪念日送给丈夫一份礼物，她盼望能买得起一条表链，以匹配丈夫家中祖传的一块表。因为没有足够的钱，于是她把自己秀丽的长发剪下来卖了。纪念日当天，妻子向丈夫送出了自己的礼物——一条精美的表链。丈夫也在惊愕之中拿出了他献给妻子的礼物，竟是一枚精致的发卡。原来，丈夫为给妻子买礼物把自己的表卖了。在看到对方为自己准备的礼物之后，他们紧紧地拥抱在一起，彼此的爱成为了这结婚纪念日最珍贵的礼物。

案例分析：

① 馈赠最主要的是传达给受赠者自己的心意，所谓"千里送鹅毛，礼轻情意重"就是这个道理。此案例中，虽然夫妻两人的礼物并不是太贵重，但是传达出了对彼此的深厚情谊。

② 这对夫妻献给对方的礼物，在此时似乎已毫无效用，然而实际上并非如此，它们不仅升华了夫妻之间的爱，使他们得到了最大的精神满足，而且激发了他们战胜困难，追求幸福生活的决心和意志。

学以致用

（1）请解释对外接待的"八不送"。

（2）馈赠时需要考虑的因素主要有哪些？

（3）请同学们扮演不同的角色来表演馈赠的礼仪。

第四课　通信礼仪

至理名言

一个生活在社会之外的人，同人不发生关系的人，不是动物就是神。

——亚里士多德

【应知导航】

（1）接电话应注意的礼仪。

（2）发送与接收微信应注意的礼仪。

（3）使用电子邮件应注意的礼仪。

【知识探究】

我们生活在信息社会，现代化通信工具多种多样、层出不穷。它们的出现，为大家获取信息、传递信息、利用信息提供了越来越多的选择。对多数人而言，信息就是资源，信息就是财富，信息就是生命，所以大家都对信息十分重视。

一、电话礼仪

人们在交往中特别重视自己给别人的"第一印象"，给人的第一印象好，大家交往起来就会心情愉快，事情也会办得更顺利。可是你是否注意到，你给别人的第一印象，往往在见面之前就已经存在了。这是因为出于礼貌，人们在见面前经常会通过电话约定见面的时间、地点等细节，所以你的第一印象已经通过你的声音与言语传给对方了，可以说你的电话形象是你给对方的第一张名片。

1. 打电话的礼仪

（1）重要的第一声。当我们打电话给某人或某单位时，若一接通，就能听到对方亲切、优美的招呼声，心里一定会很愉快，这能促使双方对话顺利展开，并使我们对此人或该单位产生较好的印象。在电话中只要稍微注意一下自己的言语就会给对方留下完全不同的印象。比如说"你好，这里是××公司"，若其声音清脆、悦耳，吐字清晰，就会给对方留下好的印象，对方对其所在单位也会有好印象。因此要记住，接电话时，应有"我代表单位形象"的意识。

（2）要保持良好的心情。打电话时我们要保持良好的心情，这样即使对方看不见你，但是也会被你欢快的语调感染，从而留下极佳的印象。由于面部表情会影响声音的变化，所以即使在电话中，也要抱着"对方在看着我"的心态去应对。

（3）打电话的时间。打电话应尽量避开上午 7 时前、晚上 10 时后的时间，还应避开吃饭时间。对有午休习惯的人，也不要在午休时间打电话，以免打扰他。电话交谈所持续的时间也不宜过长，把事情说清楚就可以了，一般以 3～5 分钟为宜。在办公室打电话，要照顾到其他电话的进、出，不可过久占线，更不可将办公室的电话或公用电话当作私人聊天的工具。另外，在与国外人员通话时，要注意地区时差。

（4）认真、清楚地记录。打电话时随时牢记"5W1H"，清楚地记录电话内容。所谓"5W1H"是指：① When（何时）；② Who（何人）；③ Where（何地）；④ What（何事）；⑤ Why（为什么）；⑥ How（如何进行）。在工作中这些信息都是十分重要的，和打电话、接电话具有同样的重要性。在通电话时做的记录既要简洁又要完备。

（5）挂电话前的礼貌。要结束电话交谈时，一般应当由打电话的一方提出，然后彼此客气地道别，说一声"再见"后再挂电话，不可只管自己讲完就挂断电话。

2. 接电话的礼仪

小贴士

接听电话的要点

· 电话铃响后要及时接听。

· 左手持听筒，右手准备好记事本。

· 注意身体姿势以保证声音清晰。

· 接电话时的第一句话："你好！"

- 转接时，注意表述："请稍等！"
- 先转接，再讲话，尽量不在对方可听见的情况下喊人或问话。

如何接电话也是一门艺术，要想做一个合格的受话人，有许多礼仪要学，以下是接听电话的几个步骤。

（1）及时接电话。电话铃响了，要及时去接，不要怠慢，但不可接了电话就说"请稍等"，然后撂下电话半天不理对方。如果确实很忙，可向对方表示歉意，说："对不起，请过 10 分钟再打过来，好吗？"

（2）自报家门。自报家门是一个与人方便、与己方便，且节约时间、提高效率的好方式。

小贴士

在通话时最忌讳吞吞吐吐、含糊不清、东拉西扯。正确的做法是问候完毕，即开宗明义，直言主题，少讲空话，不说废话。

（3）认真听对方说话。接电话时应当认真听对方说话，而且不时有所表示，如"是""对""好""请讲""不客气""我听着呢""我明白了"等，或用语气词"唔""嗯"等，让对方感到你是在认真听。漫不经心、答非所问，或者一边听一边同其他人谈话，都是对对方的不尊重。

（4）打错电话。如果对方打错了电话，应当及时告知对方，语气要和善，不要讽刺挖苦，更不要表示出恼怒之意。

（5）音量大小。接电话时说话的声音不要太大，声音太大会影响其他人工作，而且也会使接电话的一方感觉不舒服。

（6）代接电话。替他人接电话时，要询问清楚对方的姓名、电话、单位名称等，以便在转接电话时为受话人提供便利。在不了解对方的动机、目的时，不要随便说出指定受话人的行踪和其他个人信息，比如手机号等。

知识链接

一天，办公室的华经理收到秘书小张的一张留言条，上面是这样写的：华经理，刚才一位姓钱的先生来电，让你 20:30 在和平桥那里等他。

华经理看后一脸迷惑：究竟钱先生是谁，有什么事呢？

这样的留言是不规范的。

3. 电话禁忌用语

在接电话时切忌使用"说""讲"等有命令意味的语言，这种语言既难让人接受，又不礼貌。有的人在接听电话时，一接起电话马上说"说"或"讲"，或者多加一两个字说"听到，说"，这种行为在单位内部也许还可以理解，由于工作繁忙，时间紧张，没有太多的时间应对电话，希望对方直截了当，别浪费时间。但这种硬邦邦的电话接听方式显得过于粗鲁无礼，给人一种盛气凌人的感觉。

我们每个人都希望被别人以礼相待，毕竟有谁愿意同不懂礼貌的人打交道呢？所以，在接听电话时，一定要注意应有的礼貌。

4. 不同电话的应对方法

（1）中途断线要主动打过去。当通过电话与对方交谈，电话在中途突然因为操作失误而中断时，应主动重新拨打，以使谈话继续下去。重新拨通之后，应向对方致歉："非常抱歉，刚才电话中途断线了。"

（2）电话声音不清楚的应对办法。通话中，时常会因为对方的声音小而听不清楚，此时，可以和对方说："对不起，电话的状况不好，我听不太清楚。""很抱歉，您在电话里的声音听起来有点远。""很抱歉，能不能请您再说一遍？"

（3）说完"请稍等片刻"后回电话不宜超过1分钟。在打电话时，"片刻"以1分钟为限。如果过了1分钟，就已经超过了"片刻"的范围，这一点要多加注意。如果通话过程中需要寻找资料，而找资料需要花费1分钟以上的时间，那就必须告诉对方"对不起，待会儿我再打给您"，然后挂断电话，这才是正确的礼仪。

二、微信礼仪

1. 发送微信礼仪

（1）原则上不发语音消息。无论发给谁，都优先选择文字。因为很多场合应保持安静，比如在上课时、在办公室开会时，大家都选择手机振动或者静音模式，这时收到微信语音无法及时接听。所处的环境不方便收听也就无法及时回复。此外，语音转文字功能仅能识别标准普通话，有时无法很好地展现文字所能表达的信息。

（2）微信需要注意整合信息。很多人发微信想到一句发一句，最后只是零零散散的信息。发微信本质上和写东西没区别，只是换了个工具而已。所以所发文字要有条理、有思路，要编辑好，不要一行几个字，也不要几百字一大行，要做好断句、分好段。通常一件事情放在一条信息里，多件事情就发多条信息。

（3）微信需要明了目的。比如，发通知，应加上"收到请回复"；发请示，最后可以说"请领导批示"。如果发的只是一个提醒，可以告诉对方这条微信只是让他了解一下，并不需要回复。

知识链接

小李是某公司的业务员，一天，公司经理正在开销售会议，小李的手机微信提示一直响个不停，本来以为是客户，但是一看手机是自己的朋友小王发来了好几条语言信息。小李本想当作没看见，但是微信一直在响，小李以为朋友有急事，就出去听一下语音，原来小王只是想让小李帮忙给女儿幼儿园的活动微信投票，小李无语至极。

2. 接收微信礼仪

（1）及时回复。我们发微信时，都希望别人能够快速回复，将心比心，如果他人给我们发微信，也要及时回复，如果还需要时间考虑再回复对方，那也应先及时回复"我考虑一下"。

（2）重要的人和群要置顶。通过置顶可以把你最重要的人和群永远放在微信聊天界面最上方，这样就不容易遗漏重要的信息。接收到语音类的工作微信时，如果不方便接听，也可以回复"现在不方便接听语音，如有急事，可以发送文字"，或者选用微信的语音转文字功能。

3. 微信朋友圈礼仪

（1）朋友圈是用来分享个人生活的，不是用来刷屏的。在朋友圈偶尔发广告可以理解，但是广告刷屏就很过分了，因为一连串的广告会让人产生厌恶感。

（2）点赞、评论须用心。我们都喜欢跟自己的好友互动，朋友圈里点赞、评论很正常，但面对别人发布的伤心难过的消息，随意的点赞很可能会伤害别人。所以在给别人点赞、评论之前要用心，先看清楚内容再点赞、评论。

（3）点赞不要太过量。有些人可能平时不怎么看朋友圈，但是一看就停不下来了，给别人一通点赞，甚至一下点赞好几十条朋友圈，这样的行为容易造成误会。

（4）评论回复要注意。给别人回复评论的时候要用"回复××"的回复框，即在别人的评论下回复，不要单独评论朋友圈，不然会给其他评论者或点赞者都推送评论消息，就会打扰别人。

三、电子邮件礼仪

电子邮件，又称电子函件或电子信函。它是利用计算机所组成的互连网络，向交往对象发出的一种电子信件。使用电子邮件进行对外联络，不仅节省时间、不受篇幅的限制、清晰度极高，还可以大大降低通信费用。

小贴士

电子邮件是计算机病毒重要的传染源和感染病毒的主要渠道。收发电子邮件都要注意远离计算机病毒。发送电子邮件时要注意尽可能不使邮件携带计算机病毒。如果没有防病毒软件实时监控，发送邮件前务必要用杀毒程序杀毒，以免不小心把有病毒的信件发给对方。

人们在使用电子邮件对外进行联络时，应当遵守的礼仪规范主要包括以下3个方面。

（1）电子邮件应当认真撰写。向他人发送的电子邮件，一定要精心构思，认真撰写。在撰写电子邮件时，必须注意以下几点。

① 主题要明确。每个电子邮件，都有一个主题，若将其归纳得当，收件人看到主题便会对整个电子邮件的内容有所了解。

② 语言要流畅。电子邮件要便于阅读，语言要流畅。尽量不要写生僻字、异体字。引用数据、资料时，最好标明出处，以便收件人核对。

③ 内容要简洁。电子邮件的内容应当简明扼要，不浪费阅读人的时间。

（2）电子邮件应当避免滥用。时间是无比珍贵的，所以人们才会说，尊重一个人，首先就要懂得替他人节省时间。有鉴于此，若无必要，不要向他人发送无关的电子邮件，尤其是不要以电子邮件的方式与他人谈天说地，更不宜随意以这种方式在网上"征友"。一般而言，收到他人重要的电子邮件后，要即刻回复对方。

注意定期、及时地清理电子邮件收件箱、发件箱、回收箱,空出有限的邮箱容量空间。及时将一些有用的电子邮件地址记下来并存入通信簿也是很必要的。

（3）电子邮件应当慎选功能。现在市场上所提供的先进的电子邮件软件,有多种字体可供选用,甚至还有各种信纸可供使用者选择。这固然可以强化电子邮件的个人特色,但是此类功能,商界人士是必须慎用的。主要原因有两方面:一是对电子邮件修饰过多,会使其所占空间增大,收发时间增长,还会给人以华而不实的感觉;二是电子邮件的收件人所拥有的软件不一定能够支持上述功能,他所收到的电子邮件很有可能与发件人发送的完全不一致,甚至大大地背离发件人的初衷。

学以致用

（1）结合日常生活实际,说明人们在使用电话过程中经常出现的失礼行为及其纠正途径。

（2）为什么说你的电话形象是你给对方的第一张名片?

（3）发送电子邮件有哪些规则?

（4）电子邮件的功能选得越多越好吗?

素养提升

《红楼梦》饮食礼仪的借鉴意义

古典文学四大名著之一的《红楼梦》家喻户晓,影响深远。"披阅十载,增删五次",显示了作者曹雪芹的苦心孤诣。其几乎无所不包的内容里,饮食部分占据了重要的地位。翻开《红楼梦》全书,几乎三分之一的篇幅都在描写饮食,"饮食活动的内容散见于各章各回,林林总总,至繁至细",与其说红楼梦是一部社会风俗画册,不如说其是一本不折不扣的美食宝典。"钟鸣鼎食之家"的贾府,对饮食这件大事更是格外重视,力求食之精、食之细、食之美和食之养。此外,更值得称道的是贾府的饮食礼仪学。

一百二十回的《红楼梦》中描写了许多吃饭的场景,一方面是日常生活的一日三餐,亲戚走访;另一方面是盛大的家族宴会,后者在标题中就有多次出现,诸如"史太君两宴大观园""寿怡红群芳开夜宴"等。由此观之,贾府的饮食礼仪也集中分为两类,一类是日常进食礼仪,另一类则是宴会礼仪。二者相较,日常礼仪少了些拘泥,多了些人情味儿;宴会礼仪则是等级制的绝佳体现。具体说来,贾府饮食礼仪的借鉴意义体现为以下三个方面。

一、尊卑有序

贾府是古代贵族之家，十分重视尊卑等级，这一点在饮食上也有所体现，这里的尊卑有两个层面的含义。

（一）长幼之间

书中第三回写道："贾珠之妻李氏捧饭，熙凤安箸，王夫人进羹。贾母正面榻上独坐，两边四张空椅，熙凤忙拉了黛玉在左边第一张椅上坐了，黛玉十分推让。贾母笑道：'你舅母你嫂子们不在这里吃饭。你是客，原应如此坐的。'黛玉方告了座，坐了。贾母命王夫人坐了。迎春姊妹三个告了座方上来。迎春便坐右手第一，探春左第二，惜春右第二。旁边丫鬟执着拂尘，漱盂，巾帕。李、凤二人立于案旁布让。外间伺候之媳妇丫鬟虽多，却连一声咳嗽不闻。寂然饭毕，各有丫鬟用小茶盘捧上茶来。"这段描写包含以下几个信息：一是贾母作为家族的大家长，等级位次最高，仅日常便饭都有三人侍奉，李氏、王熙凤、王夫人各司其职；二是贾母之尊还体现在座位上，"贾母正面榻上独坐""你舅母你嫂子们不在这儿吃饭"将这种长幼尊卑体现到极致；三是"食不言"的饮食氛围，"外间伺候之媳妇丫鬟虽多，却连一声咳嗽不闻。寂然饭毕"。

（二）主仆之间

书中第十六回写道："一时贾琏的乳母赵嬷嬷走来，贾琏凤姐忙让吃酒，令其上炕去，赵嬷嬷执意不肯，平儿等早于炕沿下设下一杌，又有一小脚踏，赵嬷嬷在脚踏上坐了。"赵嬷嬷虽然是贾琏的乳母，但是因为主仆身份有别，不愿上炕吃酒，即使凤姐夫妇百般推让，她心中一直谨记主仆之别，不敢越界。又如"丰儿等三四个小丫头进来放小炕桌。凤姐只吃燕窝粥，两碟子精致小菜，每日分例菜已暂减去。丰儿便将平儿的四样分例菜端至桌上，与平儿盛了饭来。平儿屈一膝于炕沿之上，半身犹立于炕下，陪着凤姐儿吃了饭，伏侍漱盥"，平儿是凤姐的心腹，凤姐待她不比旁人，但人与人的温情终究抵不过主仆身份的天差地别。

二、以客为尊

贾府饮食礼仪除了表现为尊卑有序，还表现在以客为尊。

书中提到"贾母依着凤姐儿进来，与薛姨妈分宾主坐了，薛宝钗、史湘云坐在下面"，还有第三回，贾母对林黛玉说的"你是客，原应如此坐的"，这两处着墨不多，简要地道明了贾府的待客之道——客人即为尊，须用最上乘的规格使其感到宾至如归，即便是粗野如刘姥姥，也是值得尊敬的客人。

三、重视女性，尤其是未出嫁的女性

重视女性，尤其是未出嫁的女性，据考证，这是满族习俗的一种表现，"旗俗，家庭之间，礼节最繁重，而未字之小姑，其尊亚于姑，宴居会食，翁姑上坐，小姑侧坐，媳妇则侍立于旁，进盘匜、奉巾栉惟谨，如仆媪焉"。还是以第三回为例，"黛玉在左边第一张椅子上坐了"，"迎春坐在右手第一，探春左第二，惜春右第二"，而"李凤二人立于案旁布让"。古代讲究"左为上"，由此可见，黛玉与众姐妹十分受重视，在家庭中的地位要远超已婚的媳妇李纨和王熙凤。

　　《礼记·礼运》谈到"夫礼之初，始诸饮食"。伴随着社会的发展，人们由关注外在转变为重视内在，礼仪在人们生活中扮演着越来越重要的角色，良好的礼仪是一个人最好的名片。众多礼仪中饮食礼仪是最常见的礼仪。尊卑有序，有利于我们表现得体，摆正自我位置；以客为尊，有利于融洽关系，主客尽欢；重视女性，则体现了平等的价值观念。综上所述，在现代社会践行《红楼梦》中的饮食礼仪是十分必要的。

　　[吴娜.《红楼梦》饮食礼仪的借鉴意义 [J].魅力中国，2019 (36):298.（有改动）]

讨论：

1. 材料中体现了几种饮食礼仪？它们对现代化的今天来说有哪些借鉴意义？
2. 良好的日常礼仪对我们的个人发展和社交方面能起到什么作用？

第五篇

职场礼仪——
事业发展的奠基石

开篇寄语 ▼

在现代职场中，一个知礼懂礼的人，是值得交往的，也是能够赢得他人尊重的；而一个不知礼、不懂礼、不讲礼的人则必定会遭到职场的淘汰。职场礼仪是指人们在职业场所中应当遵循的一系列礼仪规范。职场礼仪的基本点非常简单，那就是在工作场所，应将体谅和尊重别人当作自己的指导原则。

育人目标 ▼

知礼、懂礼、讲礼，深刻履行职场礼仪，做新时代职场人，为个人事业发展铺就奠基石。

第一课　应聘礼仪

至理名言

在选择职业时，我们应当遵循的主要指针是人类的幸福和我们自身的完美。

——马克思

【应知导航】

（1）求职前要做的准备工作。

（2）如何准备面试材料。

（3）面试时应注意的礼仪。

【知识探究】

随着毕业生不断地增加，其求职活动日益频繁。求职成功与否与求职者自身的礼仪修养，以及他在求职中具体运用的应聘礼仪密切相关。下面介绍在求职中应注意的礼仪知识。

一、求职前的准备

每个人有着不同的求职动机，对多数人而言，求职是为了谋求一份适合的工作，以维持生活正常需要，进而争取事业上的发展。求职是人生中一个重要的转折点，应该慎重对待，不应盲目地、简单地乱撞运气。所以在求职之前认真做好准备工作是十分必要的。

1. 明确求职原因

现实生活中，绝大多数人是凭自己的正当职业与合法劳动取得生活资料的。能获得一份适合自己能力和兴趣爱好的工作是每个人所渴望的，也是促进劳动者热爱自己的工作、充分发挥积极性和创造性的动力。学生毕业后必须自谋职业，作为求职队伍中的一支新军，其工作生涯才刚刚开始。

> **小贴士**
>
> ### 人的兴趣类型
>
> - 现实型：对具体劳动或基本技术方面感兴趣。
> - 理智型：对思想观念方面感兴趣。
> - 惯例型：对处理系统而有条理的工作感兴趣。
> - 社会型：对社交、教育等活动感兴趣。
> - 艺术型：对艺术上的自我表现和创造性方面感兴趣。
> - 管理型：对支配和领导他人感兴趣。

2. 广泛寻找信息

求职准备，不但要"知己"，还要"知彼"，既要明确自己为何求职，也要了解哪些职业可供自己去求，这样可以使求职范围大一些、选择机会多一些、求职时回答问题也准确一些。

尽可能了解清楚招聘单位的性质和背景，确定它是哪一种行业、生产何种产品、是独资企业还是合资企业、其企业文化（包括口号和形象等）是什么。同时还要尽可能了解清楚招聘单位的业务情况，比如，过去的业绩好不好，业务往来的对象有哪些，现在该单位在做什么，该单位的发展前景如何；如果是工厂，还需了解该厂产品的注册商标是什么。另外，对招聘单位的内部组织架构、员工福利、一般起薪、工作时间与地点等也应该尽可能了解清楚。

对于这些资料信息，我们可以向父母、朋友、同学或亲戚询问，也可以向在该单位工作的熟人咨询，还可以通过新闻报道、广告、杂志、企业名录以及网络进行查询。

在求职时，需要广泛寻找招聘单位的信息，一名对招聘单位一无所知的求职者，面试时必遭失败。

3. 妥当准备材料

有些行业在学历、能力、年龄等各方面都有限制，在求职时，要事先核查一下自己是否符合条件，千万不要存有碰运气的念头。如果自己符合应聘条件，还要确定自己可以胜任哪种职位，然后要准备好自己的毕业证书、学位证书、专业资格任职证书、获奖证书、身份证、推荐信等材料。

参加求职面试，除了要随身携带证书、文凭、照片等必需品之外，还要事先做好以下5个方面的准备工作。

（1）背熟自己的求职履历。常常有求职太频繁，而自己的求职履历又是经过精心包装的人，在面试时记不清自己应重点介绍哪方面的工作经验和个人特点，一旦上阵便迅速露出马脚，不战自败。

求职者应将自己的求职履历熟记于心，并根据不同职业的要求有所侧重，这样在面试回答问题时才能从容、流利。如果一位求职者对自己的履历都不能熟练陈述，那也意味着其未达到最基本的求职要求。

（2）准备好与所申请的职位相吻合的"道具"。对自己外在形象的设计能反映出求职者对所申请职位的理解程度。试想如果一家五星级酒店招一名公关经理，而应聘者下雨天穿着高筒套鞋去面试，这恐怕与所申请的职位形象相去甚远，所以面试时的"道具"也应慎重选择。

（3）准备好同自己身份相吻合的语言。每个人都应对语言有所选择，面试不同于闲聊，不能张嘴就来、不假思索，每句话、每一个词都应认真挑选。不少缺乏求职经验的求职者参加面试时张口闭口就以"你们公司"代称求职单位，别人听多了肯定会反感，求职者应该十分礼貌客气地以"贵公司"代称。

（4）准备一套适合面试的服装。对于一个毕业生来说，毕业工作意味着社会角色的转变，求职是参加工作的第一步，在求职中的穿着一定要符合你新的社会角色。对男同学来讲，拥有一套合身、穿着舒服但不是很昂贵的西装是非常有必要的；对女同学来讲，身着职业套装会平添几分成熟和干练。

（5）掌握与选择的职业和身份相吻合的行为规范。面试时的细小行为最能说明一个人的真实情况，一个人物品杂乱无章，甚至连笔都找不到的人，是很难受到面试考官青睐的。

知识链接

　　恰科年轻的时候，一直想要当一名银行家，曾多次到银行去谋职，但都吃了闭门羹。有一天，他又到一家很有名气的银行找到董事长，恳请能被雇用，但董事长摆摆手回绝了。这已经是第52次失利了，恰科在心里暗暗嘀咕着。就在他跨出董事长办公室门口时，发现地上有一枚废弃的大头针，便下意识地弯腰把它拾了起来，轻轻地放进了废纸篓里。

第二天一大早，还在梦中的恰科被一阵清脆的电话铃声惊醒，一个突如其来但又振奋人心的消息从电话的那头传来："恰科先生，恭喜您成为我们银行的员工。"原来，就在恰科弯腰拾起大头针时，董事长看见了这一微小的举动。银行的工作，关键就在于心细，不仅要细致地处理好工作，而且对于整个部门的其他事项也应给予关注。董事长见微知著，慧眼识人，认为恰科是一个难得的人才。正是恰科这一"针"不苟、认真负责的态度，使得他在法国银行界平步青云，功成名就。

二、履历表的写法与书写原则

1. 履历表的写法

应聘前应根据所应聘单位的性质写一份或几份履历表，要强调自己某一方面的特长，以符合所应聘单位的要求。

履历表一般不要手写，最好打印，这样显得整洁、清楚。

履历表的具体写法如下。

履历表

（1）基本情况介绍

姓名：	性别：
年龄：	专业：
籍贯：	毕业院校：
政治面貌：	联系方式：

（2）学习情况介绍

（介绍几年间自己总的学习情况、平均成绩、主攻方向等，分别列出自己所学的科目及成绩。注意要重点介绍与所应聘单位的岗位所相关的内容。）

专业方面：

外语方面：

（3）实习实践情况

（现代社会强调实践经验，单纯学习好的学生，不一定能获得用人单位的赏识，因此强调这一方面对应聘很有好处。实习实践情况包括自己发表文章情况、在企业实习情况、社会实践情况等）

（4）参加社团活动情况

（5）特长

（选择有说服力的，尤其是针对用人单位感兴趣的方面列举自己的特长）

（6）科研活动情况

（7）获奖情况

（8）附证件、获奖证书、学习成绩单等

2. 履历表的书写原则

书写履历表应遵循以下原则。

（1）诚实原则

虚假的履历表可以蒙混一时，但会给面试尤其是以后的工作带来极大的隐患，一旦被发现造假，个人损失不可估量。例如：有人使用假毕业证以骗取用人单位的信任和欣赏，一旦东窗事发，只能是被扫地出门。所以，履历表的真实性是个人人品的体现，切不可因为一时之利而糊涂行事。

（2）效率原则

在设计履历表的时候，最常见的是一份履历表"包打天下"的情况，即无论求取什么职位，履历表内容都千篇一律。而且，这些履历表的内容过于丰富，什么都写，唯恐遗漏。其实，人事部门的人常常工作较繁忙，如果仔细看所有的履历表，将会使得工作效率严重降低。所以，他们一定会先大致筛选一遍，将较好的履历表挑选出来，然后仔细阅读。这样，那些冗长而毫无特点的履历表就只能石沉大海。因此，书写履历表应遵循效率原则，需要什么写什么，并且需要根据自己所要面试的单位、岗位来写。

根据上面的两个原则，总结履历表的填写大致要做到以下几点。

① 信息要真实，有些信息可以省略，但不可编造或严重夸张。

② 履历表要简洁、美观，但不能华而不实。

③ 要善于突出信息重点，吸引审阅者的注意。

④ 不可盲目谦虚，甚至贬低自己。

⑤ 最好打印，也可以手写，但应做到美观、整洁。

三、面试礼仪

1. 面试前的礼仪准备

面试前应注意的礼仪有以下 4 点。

（1）外表修饰。在职场中，有部分招聘者把应聘者的外表作为录用与否的非常重要的参考因素。虽然应聘者的五官相貌很难改变，但是穿着打扮、风度气质和谈吐是可以改变并影响其留给他人印象的。

外表的要求如下。

① 衣着合体，款式搭配合理，色调和谐。

② 不过分追求时髦，穿着应美观、简洁、大方。以大多数人的眼光来看，过分追求时髦的人常会被看作只追求外表美的人。

③ 服装整洁，尤其注意领口、袖口不要有脏的地方，衣服要勤换洗。

④ 在力所能及的范围内买套质地好的衣服和一双较好的皮鞋。

⑤ 注意将指甲剪短，不要藏污纳垢。

⑥ 女性化淡妆，不要浓妆艳抹。

⑦ 头发应洗干净并梳理整齐。

知识链接

　　某毕业生去某公司公关部应聘。面试过程并不复杂，他准备得也很充分。但是，公关部经理最终并没有录用他。得知消息后，他找到一位在该公司工作的校友打听他落选的原因。该校友告诉他，公关部经理认为，他的仪表方面有些问题，不注意修剪指甲、剪短鼻毛等细节，因而不太适合做公关礼仪工作。

（2）心理准备。求职者需要具备诚实、自信、谦虚、尊敬他人的心理品质。许多人由于缺乏这些心理品质而丧失了工作机会。

① 要对自己有充分的自信。要正确地评价自己，包括性格特征、优缺点、兴趣爱好等。要保持积极的心态，对自己有充分的自信，不断地鼓励自己。同时，还要考虑好自己在哪些方面适合这个职位，以及自己为什么是这个职位的最佳人选。

② 要以平等的心态面对主考官。不能有怯场的心理，避免在临场面试条件下心情过分紧张和焦虑，而导致感觉的敏锐性下降、反应慢、适应能力和记忆受阻、注意力不能集中，影响能力的正常发挥。

③ 要有顽强的意志。面对任何困难和挫折都要有坚韧不拔的意志，向着目标前进，相信有志者事竟成。

知识链接

　　某大公司招聘总经理助理，由总经理亲自面试。能力不相上下的应聘者小张、小邓和小孙来到总经理办公室准备面试。一见面，总经理就表示在某研讨会上见过他们。小张和小邓赶紧把握机会和总经理套近乎，而只有小孙一人指出总经理似乎认错人了。最后总经理只聘用了小孙，原来，那次研讨会根本不存在。

（3）知识准备。应聘前应读一些有关应聘技巧和有关应聘职业的书籍。在应聘时如果应聘者对应聘职业能够侃侃而谈且有自己独特的见解，将会大大增加进入该单位的概率。

（4）物品的准备。面试时所需要准备的物品包括公文包、求职记录笔记本、多份打印好的简历、纸、笔、个人身份证复印件等，所有准备好的文件都应该平整地放在一个文件袋里。

2. 面试程序

参加面试有一定的程序，具体做法如下。

（1）提前 10 分钟赶到面试地点。

（2）进入房间前，应先敲两下门，等对方说"请进"后方可进入，然后向对方行点头礼或鞠躬礼，最后关上门。

（3）走到椅子旁边时，应恭敬地自我介绍，"我是 ×××"，并说明名字的写法。

（4）当对方请你坐下时，说声"谢谢"再坐下来；如果对方未请你坐下，应礼貌地询问："我可以坐下吗？"等对方回答后再做出相应举动。

（5）坐姿端正，两手自然轻放在膝上，千万不要两手下垂，或是在胸前、背后交叉。

（6）对方说话时注视对方，仔细聆听问题的内容，然后从容回答，不可半途插嘴或反问。

（7）简明扼要地回答问题。如果被要求谈论自己的设想、建议、计划等，则可详细说明，但言谈必须有礼貌，提到应聘公司时要尊称"贵公司"。

（8）面带微笑，举止得体。

（9）面试结束后，行礼或握手后再离开。

■■■ **知识链接**

　　某校电子技术专业的小强好不容易通过用人单位的前几道招聘程序，招聘的最后一关是与用人单位领导面试。面试中，尽管领导曾当场提示他："不要着急，放松些。"但他急于求成，没有在意领导的提醒，常常是领导的话还没有说完，小强就立刻表示知道了领导要表达的意思，并按照自己的理解做了回答。过了招聘结果通知预定的日期，小强没有收到任何消息，他这才觉得自己在应聘中谈话的表现有欠妥之处。

3. 面试问题的回答

　　当主考官问到以下问题时应怎样有礼貌地回答呢？

　　（1）"请你谈谈自己吧。"

　　① 此时不要谈些无关紧要的事，如父母情况、自己的童年经历、自己的朋友等，应简要地介绍自己的姓名、年龄、毕业学校及专业，重点介绍自己的能力、特长和成绩。

　　② 只讲正面的事情，并且用具体事例、具体成绩来补充说明。

　　③ 介绍内容要集中在与这一工作有关的能力上。

　　④ 简单明晰，不要超过 3 分钟。

　　⑤ 介绍完后问问对方是否还要了解其他方面的情况。

　　（2）"你的人际关系如何？"

　　① 对这一问题应举实例证明。

　　② 不要高谈阔论地吹牛。

　　③ 可以说"我和我的同学、老师相处得很好，并且成了好朋友"，如果是事实，可以此来证明自己的人际关系不错。

　　（3）"谈谈你的缺点。"

　　① 用坦诚把缺点变成优点，如"刚从学校毕业，经验不足，相信随时间积累与自身努力，在今后会将工作干好"等。

　　② 可以谈些无关紧要的或与工作无关的缺点，如"字写得不大好"等对于大部分工作来讲不算太致命的缺点。

　　③ 优点可以当成缺点来说，但要适度，如可以说"我对自己期望过高"，但是不可说成"我是个完美主义者"。

　　（4）"为什么要辞职，到我们公司来？"

　　不要纯粹说是因为工资待遇高，这样会让主考官认为你是为了薪金而来的，他会担心你也会为了更高的薪金离开。你可以回答是因为在原单位不能发挥自己的才干、专业不对口等。

　　回答了以上问题之后，主考官还可能根据你的言行举止决定是否录用你。如故意让你等半个小时，以观察你的举止是否会暴露缺点等。为应对这种情况，应聘时最好带一本书，没轮到自己面试时就认真看书。但保持良好的言行举止的关键是平时修养要好，这样才能自然应对而不失礼节。

面试时经常出现的主要问题如下。

①谈谈你对应聘单位的看法。　　　　　　②谈谈自己的情况。

③你为什么要来应聘单位工作?　　　　　④你的人际关系怎么样?

⑤老师对你的评价如何?　　　　　　　　⑥你的主要缺点是什么?

⑦你有什么特长?　　　　　　　　　　　⑧你有哪些业余爱好?

⑨你对什么最感兴趣?　　　　　　　　　⑩你在工资待遇方面有何要求?

⑪你对与工作有关的理论知识掌握得如何?　⑫你的经验符合工作要求吗?

⑬这项工作压力大、困难多,你能承受得了吗?　⑭工作中遇到麻烦怎么办?

⑮你的家人支持你的工作吗?　　　　　　⑯今后在事业上的打算是什么?

⑰你今后准备再学习吗?　　　　　　　　⑱你准备今后再调换工作吗?

4. 面试时的注意事项

（1）面试前不喝酒、不吃辛辣的食物。喝酒会使人的大脑反应迟钝,并且说话时会带有酒味,给主考官留下不好的印象;吃辛辣的食物,如葱、蒜等会使你口气难闻、不清新,从而给主考官留下不好的印象。

（2）面试时应提前 10 分钟到场。如果迟到,则不利于获得工作机会,甚至会使你丢掉工作机会。

（3）面试时不要带陪同人员,带了则证明你缺乏信心。

（4）随身除了带公文包、文件夹或手提包外,不要带其他物品。

（5）面试时不要嚼口香糖。

（6）面试交流时不可以使用夸张的动作语言,不可以使用主考官听不懂的方言或行话。

（7）与主考官谈话,不要与其争辩。因为你争辩成功了,他不会录取你;你争辩失败了,他更不会录取你。所以一般情况下,不要和主考官争辩。

（8）面试谈话时不要抢话头,不要连珠炮式地发问。

（9）不要对面试主考官的提问漫不经心。

（10）不要强调与主题无关的细枝末节,不要乱开玩笑。

（11）当面试主考官谈兴正浓时,不要轻易转移话题。

5. 面试后的礼仪

面试后应注意的礼仪有以下两点。

（1）应该知道什么时候告辞。有些面试主考官以起身表示面试的结束,还有些面试主考官则用"同你谈话我感到很愉快"或"感谢你前来面试"这样的辞令来结束谈话。这时应及时地起身告辞,告辞时应同主考官握手,面带笑容地感谢主考官花时间与你面谈,感谢对方对你的关心。走出面试室时,还应向接见者的秘书或引见人员道谢。

（2）在走出面试室时先打开门,然后转过身来向主考官行鞠躬礼并再次表示感谢。走出面试室后,再轻轻将门合上。

知识点拨

案　例

一家医疗机构为了选拔护士长，在护士中进行了一次面试。护理专业的小孙在笔试中是佼佼者，但在面试过程中，她并没有重视礼仪规范，她的脚时常不经意地敲打地板，身体还时不时地扭动。她本来认为自己很有希望，结果却落选了。

案例分析：

小孙落选的原因就是她缺乏职业化的举止。

① 许多面试者往往只注重衣着和言谈，而忽略了胜过有声语言的形体语言。职业化的举止，就是一种无声却胜过有声的形体语言。形体语言是指人的动作和举止，包括姿态、体态、手势和表情。在面试中，面试者应该特别注意自己的站姿、坐姿、行姿和表情等形体语言。

② 站姿给人的印象非常重要，但人们往往认为其简单而忽略它的重要性。站立时身体挺直、舒展、收腹，眼睛平视前方，手臂自然下垂。这样的站姿给人一种端正、庄重、稳定、朝气蓬勃的感觉。如果站立时歪头、扭腰、斜伸着腿，会给人留下轻浮、没有教养的印象。

③ 面试时应坐姿端正，不要贪图舒服随意瘫坐。许多人养成了瘫坐的习惯，在面试时一下子就表现出来了。正确的坐姿要从入座开始，入座的动作要轻而缓，不要随意拖拉椅子，身体不要前后左右晃动，背部要与椅背平行，安静地坐下。落座后，上身要保持直立状态，既不前倾，也不后仰，双手自然下垂，肩部放松，五指并拢。男女的坐姿还有一定的区别：男士可以微分双脚，这样给人自信、豁达的感觉，其双手可以随意放置；女士一般要并拢双膝，或者小腿交叉端坐，这样会给人端庄、矜持的感觉，女士入座后双手一般要放在膝盖上。

■ 学以致用 ■

（1）判断正误。

① 面试从面试者接到面试通知的那一刻就已经开始了。　（　　）

② 面试前应搜集招聘公司的相关材料。　（　　）

③ 可以将自己认为重要的信息浓缩到简历的前两页上。　（　　）

④ 面试交谈时可以使用方言。　（　　）

（2）面试前应做好哪些心理准备？

（3）应如何准备个人简历？请为自己设计一份个人简历。

（4）在你求职的第一个环节，主考官都在给你的素质打着分数。不妨事先给自己打打分，这样可以做到心中有数。以下为自我介绍礼仪的评分标准，可供自评时参考。

自我介绍礼仪评分标准（满分为100分）

① 内容（50分）

A. 详略得当，有针对性；

B. 言之有物，评价客观；

C. 层次清晰，合乎逻辑；

D. 文理通顺，富有文采；

E. 简单明了，清楚明白。

②仪表（10分）

A. 服饰整洁、得体，女子适度地化淡妆，男子适当修饰外观；

B. 精神饱满，落落大方，面带微笑。

③姿态（10分）

A. 站有站相，坐有坐相，走有走相，步履稳健，从容自如；

B. 面部表情、手势与有声语言协调。

④礼节（10分）

A. 开头（见面）礼节；

B. 告别（离去）礼节。

⑤语言（15分）

A. 脱离讲稿；

B. 使用普通话或标准英语（其他外语），口齿清楚，声音洪亮；

C. 有一定节奏，语言流畅，发音准确。

⑥时间（5分）

介绍过程1~3分钟，时间过长或过短适当扣分。

第二课 办公礼仪

至理名言

酒店里第一流的设备重要，而第一流的微笑更为重要。如果缺少服务人员的微笑，就好比花园失去了春日的阳光和轻风。

——希尔顿

【应知导航】

（1）做一名合格的员工需要遵守的礼仪。

（2）接待办公室来访的客人时，应该怎么做。

（3）与同事相处时，需要注意的地方。

【知识探究】

办公礼仪是指一个人所具备的对工作产生直接影响作用的礼仪与品质，包括待人接物的能力、首创精神、办事能力与效率、执行领导指示的态度等，在工作场合，掌握并合理运用办公礼仪是事业成功的基础之一。

一、做一名合格员工的礼仪

1. 准时上班，按时下班，保持环境整洁

上班时间，是指开始工作的时间。从进公司大门到坐到自己的工位上至少需要几分钟时间，因此应在开始工作前 10 分钟到达公司。上班是否准时，反映了你对工作的敬业程度。

到了下班时间，如果已经做完工作，可以向周围的同事打声招呼告辞，再离去。下班离开前，应将办公桌上的文具和文件等放整齐，将椅子放回原位。

2. 穿着整齐，修饰得体

工作时间，必须穿着正式。女职工不能在办公室内化妆，尤其是有异性同事在时。不能在办公桌上摆满化妆品。如果办公室设有女衣帽间，则可兼作化妆间；否则，就应在洗手间整理妆容。

3. 承担责任，不推诿

勇于承担责任，不要推诿给同事，这是工作中处理同事关系非常重要的一点。如果有工作失误了，领导追问起来，应直截了当地向领导解释明白，做一名敢于担当的员工，这样才会得到同事的尊重。

4. 讲求效率，不干私事

私人的事情不要带到工作中去。每个人都要谨记，公司支付薪金，目的就是需要员工做好本职工作，所以每个人应该尽责地做好自己分内的事情。

有许多公司严格地执行一些规矩，如办公时不能接听私人电话，不能随便跑出去买私人物品，规定的用午餐的时间、上下班的时间要准时等，作为员工，应该不折不扣地执行。

5. 对领导和同事要讲礼貌

在工作中禁止使用俗语、流行语以及亲近而不严肃的话语，尤其是那些刚参加工作的职员，更要注意用尊敬的语言及语气说话。"您好""早安"和"午安"是工作中最普通的礼貌用语，对同事也不能因为彼此熟悉而将其省略，对于不相识却经常见到的人或经常一同坐电梯的人，适当时也要问好。

小贴士

切忌以下行为。
① 将办公室的用品拿回家使用。
② 用公司的邮资寄送私人的信件。
③ 用公司的电话打私人长途电话。
④ 开着公车办理私人的事情。
⑤ 嫉妒别人，中伤比你提升快的同事。
⑥ 把别人的功劳据为己有。
⑦ 未能信守诺言，泄露他人的秘密。
⑧ 造成损失和破坏却不敢承认。
⑨ 吃公司或单位的回扣。

二、办公室人际交往礼仪

我们工作的空间主要在办公室。办公室里的待人接物、一言一行，对人际关系、办公环境以至对工作能否顺利进行，都有着不可忽视的影响，甚至还关系到本单位的外部形象。因此，了解并掌握相关的办公室礼仪就显得非常重要。在办公室错综复杂的人际关系中，要善于与各种人打交道，处理好各种关系。

1. 与上级相处的礼仪

无论职务高低，上下级在人格上都是平等的。下级要尊重上级，但也要做到不卑不亢。对于上级的决定如果有不同意见，下级可委婉地提出；若上级的决定已不可更改，则要服从上级的安排。下级与上级相处的关键是配合默契，并得到上级的信任和支持。

（1）尊重拥护。人的能力有强有弱，领导也一样，但无论什么样的领导，都需要下级的尊重与拥护。有些领导能力并不突出，但不要因此认为这样的领导就是不够格的，他一定有某种优点才会得到提拔。总之，不论他能力高还是低，我们都需要尊重并拥护他。领导在心里会强烈地希望得到下属的尊重和拥护。如果下属能够对外宣传领导的优点，他就会更加严格地要求自己，并更加关心下属。千万不要在背后议论领导的私事，更不能向别人抱怨或说领导的坏话。

（2）摆正位置。作为职场中的一员，首先应该摆正自己的位置，踏踏实实地做好本职工作。在工作中，并不是越卖力越积极就越好。任何事情都有一个度，否则就是越位。做出决策是领导的事，不能不顾自己的身份，随意替领导拍板，即使领导征求你的意见，也要站在领导的角度充分考虑，并以建议的口吻说出自己的看法。有些应该由领导出面的工作，千万不要抢先去做，从而造成工作越位的后果；有些场合应当突出领导，作为下属，不应表现得过于积极。

（3）热心帮助。领导也有领导的苦恼，他们可能会因为工作繁多而忙得焦头烂额，可能会因为事业发展阻力太大而停滞不前，可能会因为家庭纠纷而沮丧不已。大多数下属遇到这种情况会表现出逃避的姿态，他们觉得领导办不了的事情，自己也帮不上忙。其实，只要你说出一句"我来帮帮您"，领导可能就感激不已了。

（4）适度赞扬。对一些不太完美的领导，要适度赞扬，要找准他身上的"闪光点"，最好郑重地讲给第三者听。这种赞扬，不管是当着领导的面讲，还是在领导的背后讲，都能起到很好的效果。虚心请教也是明智的做法，但要做到真诚。总之，赞扬领导应讲究方法，要做到适度，而且要考虑到领导的个性和行事风格。

（5）积极靠拢。有的领导在事业上一帆风顺，他们从一个级别晋升到一个较高的级别，甚至被越级提拔，往往只用了很短的时间。他们之所以晋升快，可能是因为有着与众不同的优势，或者能力出众，或者功绩卓越等。他们对待下属往往有这样的心理：一是敢于提拔，二是乐于提拔，三是对于需要提拔的下属也有苛刻的要求。因此，对这类领导要积极靠拢，诚诚恳恳地和他们进行思想上的交流，认认真真地执行他们所做出的决定，严格地按照他们的要求去办事。

与领导相处，应该注意以下这些禁忌：①锋芒毕露；②唯唯诺诺；③表里不一；④不分彼此；⑤夸夸其谈；⑥牢骚满腹。

2. 与同事相处的礼仪

同事之间长时间相处，彼此关系是否融洽、和谐，不仅对工作环境与氛围有直接影响，而且对工作能否顺利进行也有很大影响。

（1）注意称呼。人与人之间直呼其名是最亲切、最随便的一种称呼，但只限于长者对年轻人或关系亲密的人之间。年纪较小、职务较低的人对年纪较大、职务较高的人直呼姓名是不礼貌的，可称其为"老李""老王"或以职务相称；反之，年纪较大、职务较高的人可以直接称呼年纪较轻、职务较低的人的姓名。

（2）尊重同事。尊重同事即尊重其人格。公务交往时，"您""请""劳驾""多谢"等礼貌用语要做到不离口。不要轻易与长者、前辈和不太熟的同事开玩笑。切忌污言秽语，更不要讲低级庸俗的笑话（尤其在女同事面前）。尊重同事的人格，还包括尊重同事的物品。同事不在或未经同事允许的情况下，不要随便动用同事的物品。

（3）与同事紧密合作。请求同事帮助时要委婉地提出，不能强求；同事请求帮助时，要尽最大努力予以帮助。在与自己喜欢的或不喜欢的同事共处一室时，对每个人的交往态度都要一视同仁，在工作中要把"公事"和"私事"分开。

知识链接

古时候，有甲、乙两位办事员被派出去办事，他们各自带着一包行李出门。一路上重重的行李减缓了二人的行走速度。于是，他们左手累了换右手，右手累了又换左手。忽然，其中一人停了下来，在路边买了一根扁担，将两件行李一前一后挂在扁担上，他挑起两件行李上路，反倒觉得轻松了许多，这样两个人一人挑一段路，既互相增进了感情，又加快了行走的速度。

（4）公平竞争。工作中存在竞争是不争的事实。我们提倡在工作上多进行公平竞争，公平的竞争能够促进工作顺利开展。但在物质利益和日常琐事中则要少竞争，更不可贬低同事抬高自己，甚至踩着别人的肩膀往上爬。

小贴士

同事相处十大禁忌

① 相互推脱责任。　　　　② 背后议论对方。
③ 互相造谣中伤。　　　　④ 妒忌对方。
⑤ 自我封闭。　　　　　　⑥ 感情用事。
⑦ 缺乏感情交流。　　　　⑧ 口是心非。
⑨ 妄自尊大。　　　　　　⑩ 针锋相对。

三、办公室接待礼仪

办公室接待客人的规矩虽没有正式接待那么复杂，但同样要热情周到，讲究礼貌。这不仅体现了个人修养，也反映了公司的良好形象。

有客人来访时，要站起身来，主动迎上几步，握手寒暄，请客人进屋落座，并倒上茶水，双手递上并说一声"请用茶"。上茶水前可事先请教客人的喜好是茶、咖啡还是其他饮料。

很多时候，一些突如其来的紧急事件会打乱你的时间安排。若有事脱不开身，需让客人等待，记住千万不要冷落对方，要向其解释并表示歉意，且尽可能地安排他人代为接待或与客人另约时间。客人告辞离开，要起身将客人送到门口，礼貌地说"感谢您的光临""欢迎您下次再来"。

四、办公室办公礼仪

1. 办公室办公礼仪的禁忌

（1）穿着暴露。在着装方面稍微不注意（比如过短的裙子和较透的上衣）就会影响一个职业女性的形象。出门上班之前，应该养成在穿衣镜前认真检查一下的习惯，弯弯腰，伸伸手，并坐下来看自己是否暴露了不应该暴露的身体部位。

（2）上班迟到。上班迟到会使人显得缺乏敬业精神，作为一个尽职的下属，至少应该比领导提前几分钟到达办公室。

（3）办公室闲聊。在办公室与同事进行适当的交流是可以的，但上班时间的闲聊必须有一定的分寸。如果花太多的时间与同事进行与工作无关的聊天，就会给人留下一种无所事事的印象，同时还会影响同事的工作进度。

（4）错误的"隐身"。不能为了不打搅别人的工作，而总是避免和同事进行面对面的交流，因为这样会使你逐渐从同事中孤立出来，也无法引起领导的重视。所以，应该学会向同事们问好，不要事事都通过电子邮件来处理。有的工作要主动及时地给领导提交备忘记录。

2. 办公室办公礼仪的注意事项

（1）不要将工作和个人生活混在一起。如果必须在工作中处理私人事情，则要留到休息时间。不要在工作时安排朋友到办公室来拜访。

（2）不要滥用有权利使用的东西。如使用打印机、抬头信纸和其他办公用品办私事。

（3）不要把不良情绪带到办公室里，因为这样容易控制不住并与别人发生冲突。每个人都会有情绪不好的时候，但办公室不是发泄情绪的场所。

（4）不要在办公室里讲粗俗的话。

（5）不要在办公室里大哭、大叫或做其他冲动的事。如果实在忍不住情绪，应离开办公室到休息室里去，做深呼吸或做些其他放松的事情，等情绪平复了再说。

（6）不要不打招呼就突然闯进别人的办公室，应先打电话或面对面约一下。打断别人的谈话，或希望别人能停下正在做的事情并注意自己也是很不礼貌的。

（7）不要抱怨、发牢骚或讲一些不该讲的事。

（8）不要将办公室搞得乱糟糟的。抓紧时间在每天下班前将能做的事情整理好，保持工作台的整洁、美观。

五、办公室不良习惯

1. 偷懒

偶尔偷懒是人之常情，紧张的工作总是要适度的放松。通常，如果偷懒不是很离谱，不会影响正常工作还好，但是偷懒上瘾可就不是一件好事了，这甚至会影响自己的职业生涯发展。

2. 情绪化

人难免有情绪，但总是把情绪和工作搅在一起，老是用"最近情绪很低落""失恋了""和家人冷战"等当作表现不力的借口，是不会得到主管认可的。平时可以看一些积极心理学相关的书来提高自身的情绪管理能力。

3. 迟到

习惯迟到，却丝毫不以为意，不管上班还是开会，总是让领导与同事苦等，对于这种行为，领导和同事都会感到不满。

4. 推卸责任

把"都是×××的错"挂在嘴边是推卸责任的表现。其实每个人都会犯错，主管应该也能容忍并体谅下属偶尔犯错，重要的是要从错误中吸取教训，下次不要重蹈覆辙。无论犯了什么样的错，通常只要勇于承认，不推卸责任，都能得到大家的谅解与尊重。

5. 爱凑热闹

在办公场所中，爱凑热闹可能会引起他人的反感。例如：看到同事们聚在一起，非得凑过去，生怕漏掉什么重要消息；明明与自己无关却老想插手或发表意见；等等。对分内的事应该做到积极对待，对其他事情则应保持一定的边界感。

六、公共设施使用礼仪

在使用复印机、书刊报纸、会议室等公共物品时，首先应该爱惜，在使用的时间上若与其他同事发生冲突，应该懂得谦让。

1. 复印机使用礼仪

复印机是公司使用频率较高的公共设备，同事间容易在使用时间上发生冲突。一般来说，应遵循先来后到的原则，但是如果后来的人印的数量较少，可让他先印。当先来的人已花费了不少时间做准备工作，那么后来者就应等一会儿再来。

当碰到需要更换碳粉或处理卡纸等问题时，如果自己不能处理，就请别人来帮忙，不要一走了之，把出了问题的设备弃之不管，给他人的使用带来麻烦。

使用完毕后，不要忘记将自己的原件和复印件拿走，否则容易丢失原稿或泄露信息。要遵守公司的使用规定，使用完毕后，将复印机设定在节能待机状态或者关机。

在公司里不要复印私人的资料。

2. 借阅书报礼仪

需借阅公司的书报时，应先向图书室或资料室申请，填写借阅登记表。使用这些资料时应尽量将其保护完好，不得在上面批画、涂改，更不能撕扯或割划书报。

遵守公司的借阅规定，不得私自将有保密要求的资料外传或带出公司复印。严格遵守借阅时间，使用完毕后，应立即归还，以免丢失。

3. 会议室使用礼仪

为了使各项工作顺利进行，应该尽量避免使用会议室的时间与别人使用时间发生冲突，因此，使用会议室之前，应该事先向管理人员预约。

不管你是用于什么事务，都要保持会议室的干净和整洁。走之前要将桌面清理干净，不要把会议资料留在会议室，应保持会议室的良好卫生环境。

使用会议室的投影仪、音响等设备时，要请相关人员提前调试好，不要自己乱动设备，以免损坏。

知识点拨

案　例

毕业 5 年的王先生得到总经理的器重并拟提拔为营销部经理。慎重起见，总经理决定对他再进行一次考察，恰巧董事长和总经理要去省城参加一个商品交易会，需要带两名助手，总经理选择了公关部杜经理和王先生。

出发前，由于司机小王乘火车先行到省城安排一些事务，尚未回来，所以，他们临时改搭乘董事长驾驶的轿车一同前往。上车时，王先生很麻利地打开了前车门，坐在驾车的董事长旁边的位置上，董事长看了他一眼，但王先生并没有在意。

车上路后，董事长认真驾车很少说话，总经理好像也没有兴致，似在闭目养神。为活跃气氛，王先生找了一个话题："董事长驾车的技术不错，有机会也教教我们，如果大家都会开车，办事效率肯定会更高。"董事长专注地开车，不置可否，其他人均无应和。一路上，除董事长向总经理询问了几件事、总经理简单地做了回答外，车内再也无人说话。到达省城后，王先生悄悄问杜经理："董事长和总经理好像都有点不太高兴？"杜经理告诉他原委，他才恍然大悟："噢，原来如此。"

会后一行人从省城返回时，车子改由司机小王驾驶，杜经理由于还有些事要处理，需在省城多住一天，同车返回的还是 4 人。王先生心想，这次不能再犯类似的错误了，于是王先生打开前车门，请总经理上车，但总经理坚持要与董事长一起坐在后排。王先生诚恳地说："总经理，您如果不坐前面，就是不肯原谅来的时候我的失礼之处。"并让总经理坐在前排后才肯上车。回到公司，同事们知道王先生这次是同董事长、总经理一道出差，猜测着领导肯定提拔他，都纷纷向他祝贺，然而，后来提拔之事却一直没有人提及。

案例分析：

在这个案例中，王先生犯了以下错误。

① 在董事长驾车的时候，王先生打开车门后应该让总经理坐在董事长旁边的位置上，即副驾驶座上。这是对总经理的基本尊重。

② 在董事长驾车的过程中，王先生寻找的那个话题过于唐突，不符合其现在的职员身份，而且驾车过程中与司机攀谈也不符合驾车的基本礼仪。

③ 在返程时，王先生错误地理解了总经理的意思。事实上董事长和总经理作为公司最高层的管理者，在车上肯定有一些问题需要讨论，王先生的做法显然背离了总经理的初衷。而且直接点出总经理对其来的时候的行为的介意，其实有指出总经理不够宽容的嫌疑。

■ 学以致用 ■

（1）办公室工作的一般礼仪原则有哪些？

（2）遇到棘手的问题可以越级去见别的领导吗？

（3）马上就要迟到了，小王迅速赶到公司后，就在办公室化起妆来，结果被经理看到狠狠地批评了一顿。请说说小王犯了哪些错误。

（4）与领导相处有哪些需要注意的地方？

素养提升

蹇义：忠厚宽宏股肱任

蹇义是明朝初期杰出的政治家，在其50年的仕宦生涯中，先后历事6代帝王，所受恩宠礼遇绝于一时，成为明朝政坛一道独特的风景。蹇义创造了明代"任职时间最长吏部尚书"的纪录，长达27年。作为国家重臣，他"通达政体，谙练章程"，以其卓越才干"称股肱之任"，并以铁腕整肃吏治，匡正用人风气，使得国家"吏治修明，民风和乐"。对其人其绩，史书给予"成绩懋著，蔚为宗臣"的盛赞。

一、蹇义为人忠厚，被朱元璋另眼相看

在蹇义还叫蹇瑢的时候，命运对他似乎格外垂青，他"赶巧不赶早"地赶上了两次改写他人生命运的好时机。

第一个幸运，是他赶上了停考已逾十年的科举考试。洪武三年明朝首次开科取士，由于录取的人才大多是"后生少年"，虽能写出锦绣文章，却缺乏实际经验，真正会办事、能干事的人更是寥寥无几。洪武六年（1373年），明太祖朱元璋下令暂停科举，官员录用政由"有司察举贤才"。后来朱元璋发现这一方法也有很多漏洞和弊端，遂于洪武十五（1382年）年重开科举。洪武十八年（1385年）的这一次会试，是明朝建国以来的第二次全国性大规模会考。不出朱元璋所望，这届进士榜单堪称人才济济，其中就有风华正茂、时年23岁的四川巴县（今重庆市）人蹇瑢。

第二个幸运，是初登殿堂的他，竟从此和开国天子结下不解之缘。蹇瑢被授予的第一个官职为中书舍人，主要任务是负责书写朝廷诰敕、制诏、银册、铁券等敕书文告。虽然官衔只是从七品，却因为工作所需经常得和皇帝正面打交道。态度端正、办事认真的蹇义每次奏事，都很合皇帝心意。或许由于蹇姓比较稀少，朱元璋有次好奇地问他："难道你是蹇叔的后代吗？"蹇叔是先秦著名的政治家和军事家，为人诚笃的蹇瑢当然不会借机取巧，他"顿首不敢对"。朱元璋很喜欢他的诚实，取来笔墨，在纸上写下一个"义"字赐他以替换原来的名字。

朱元璋看到了蹇义的贵重人品，就对蹇义悉心培养。事实证明，朱元璋没有看错人，蹇义的确是个厚道人。后来蹇义跟夏元吉一起修《太宗实录》的时候，夏元吉为了讨好朱棣，就把朱允炆踩得一文不值，而蹇义比较念旧情，不忍心太过贬低朱允炆，可见他的为人是很忠厚的。

二、蹇义很擅长跟同僚相处，从不对同僚恶语相向

不论什么时代，有能力的人总是比较傲气，明朝的时候也不例外。以杨荣为例，他是一个很有能力的人，曾位居首辅，因此他就比较高傲，看不上老实巴交的蹇义。杨荣曾经在明仁宗朱高炽面前说蹇义的坏话，不过朱高炽很信任蹇义，所以朱高炽不仅没有听杨荣的话疏远蹇义，反而觉得杨荣人品不好，还把这件事告诉了蹇义。

普通人要是知道同事在老板面前说自己的坏话，往往会勃然大怒，试图反击。但蹇义却没有这样做，他还劝朱高炽，说杨荣是明朝难得的忠臣，并没有什么坏的心思，如果周围有人诬陷杨荣的话，希望朱高炽能够谨慎考虑，别信了谗言。

蹇义在被人诋毁的情况下，不仅不口出恶言，还能反过来替污蔑他的同僚说好话，这种修养实在是难得。他的这种以德报怨的气度，让他很少与人结怨，哪怕是杨荣这种原本不喜欢他的人，最后也能跟他化敌为友。可见他是很擅长处理同僚关系的，难怪能够历仕六朝，纵横官场50年。

三、蹇义纵横官场50年，成为六朝重臣

官海沉浮，很少有人能够长盛不衰，许多显赫一时的大人物，最后往往是下场惨淡、晚景凄凉。但蹇义是个例外，他从朱元璋侍奉到了朱祁镇，历经六朝，一直很受皇帝重用。蹇义晚年时，明仁宗朱高炽把他封为少保，明宣宗朱瞻基还特意给他在北京修了一栋大房子，因此他晚年是过得很风光的。

官场险恶，蹇义却能够屹立官场50年，这是很不容易的。他能成为六朝重臣，与他跟同僚相处得好有很大的关系。因为他与同僚们关系好，交情深，所以他遇到麻烦时同僚们也会竭尽全力帮他的忙，帮他平稳度过危机。可见，在职场中处理好人际关系是很重要的。

讨论：

1. 结合材料，你还能想到哪些因为个人社交魅力而"化干戈为玉帛"的例子？

2. 我们即将踏入职场，请结合本课内容并联系实际，谈谈初入职场的社交礼仪包括哪些方面。

参考文献

[1] 梁兆民，张永华．现代实用礼仪教程［M］．西安：西北工业大学出版社，2010.
[2] 马怀立．礼仪规范教程［M］．武汉：武汉大学出版社，2014.
[3] 王换成．礼仪规范教程［M］．长春：东北师范大学出版社，2018.
[4] 袁涤非．现代礼仪［M］．北京：高等教育出版社，2020.
[5] 赵永生．大学生礼仪［M］．北京：冶金工业出版社，2008.
[6] 郑朝民．实用礼仪教程［M］．北京：北京工艺美术出版社，2018.
[7] 游娟，廖社军，刘艳．礼仪规范教程［M］．长沙：湖南大学出版社，2022.
[8] 文智辉．社交礼仪［M］．2 版．上海：华东师范大学出版社，2022.
[9] 陈俊琦．现代实用礼仪［M］．重庆：重庆大学出版社，2022.
[10] 郭学贤．现代礼仪［M］．2 版．北京：北京大学出版社，2022.